W0301910

Erich Schmidt-Schell

Auf dem Weg nach Hause

Erich Schmidt-Schell

Auf dem Weg nach Hause

und weitere Erzählungen
aus der heutigen Zeit

Verlag der Lutherischen Buchhandlung
Heinrich Harms - 29393 Groß Oesingen

© 2009 by Verlag der Lutherischen Buchhandlung
Heinrich Harms – Groß Oesingen

ISBN: 978-3-86147-622-1

Herstellung:
Druckhaus Harms – 29393 Groß Oesingen
Telefon (0 58 38) 99 08 08 – Telefax (0 58 38) 99 08 09
E-Mail: Druck@DruckhausHarms.de

Umschlagfoto: © Liv Friis-larsen, Fotolia.de
Fotos im Innenteil: Seite 7: © Gabi Hamann, pixelio.de
Seite 51: © Franziska Kleinschmidt, aboutpixel.de
Seite 71: © Christine Schmidt, pixelio.de
Seite 96: © Christine Braune, pixelio.de
Seite 130: © Liv Friis-larsen, Fotolia.de
Seite 159 (Ringe): © berwis, pixelio.de
Seite 222: © Igelballprinzessin, pixelio.de

Zu beziehen durch:
Verlag der Lutherischen Buchhandlung
Martin-Luther-Weg 1 – 29393 Groß Oesingen
Telefon (0 58 38) 990 880 – Telefax (0 58 38) 7 02
E-Mail: Harms@Lutheraner.com

... oder über Ihre Buchhandlung!

Inhalt

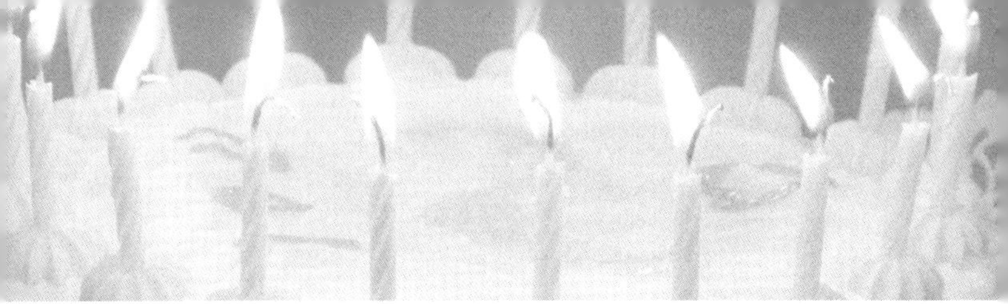

Ihr schönster Geburtstag

Hast du den Feierabend verpasst?, fragte sich Pia.

Es war so dunkel geworden, dass sie die Schreibtischlampe anschalten musste.

Sie sah zur Uhr und war erleichtert. Ihre Vermutung stimmte nicht. Sie hatte noch knapp zwei Stunden zu arbeiten. Hätte sie den Feierabend verpasst, wäre sie nicht mehr mit dem Bus nach Hause gekommen und hätte ein Taxi nehmen müssen. Das wäre für sie ein teures Unternehmen geworden …

Pia sah zum Fenster hinaus. Draußen war es dunkel geworden, grau-schwarze Wolken hatten den ganzen Himmel überzogen. Sie brachten wohl den ersten Schnee für dieses Jahr, den der Wetterbericht am Morgen angekündigt hatte.

Pia wandte sich wieder ihrer Arbeit zu. Augenblicke später hörte sie, dass starker Wind aufkam. Er fegte heulend um das Gebäude, und sie fühlte sich in dem warmen Büro so richtig wohl.

Minuten später schaute sie wieder nach draußen und sah die ersten weißen Flocken vor dem Fenster tanzen.

„Es schneit!“, kam es ihr freudig über die Lippen.

Wie sie den lustig wirbelnden Flocken so zusah, die wie winzige Wattebäuschchen anmuteten, musste sie an ihren Geburtstag denken, der in einer Woche anstand. An ihm hatte in den letzten Jahren kein Schnee gelegen; meistens war Schmuddelwetter gewesen und sie hatte sich einmal wieder richtiges Winterwetter gewünscht. Wenn es so blieb, konnte ihr Wunsch in diesem Jahr in Erfüllung gehen …

Ein Blick zum Nachbarschreibtisch verriet Pia, dass auch ihre Arbeitskollegin Hanni nach draußen sah, aber sehr nachdenklich wirkte. Was mochte die Kollegin beschäftigen?

Pia wusste aus Gesprächen mit ihr, dass Hanni keine Kinder hatte. Ihr Mann war schon kurz nach der Hochzeit tödlich verunglückt. Hanni hatte auch niemals daran gedacht, nochmals zu heiraten. Sie konnte sich ein Leben an der Seite eines anderen Mannes nicht vorstellen. Also würde sie auch in Zukunft keine Kinder haben. Beschäftigte sie das? – Vielleicht dachte auch sie an ihren Geburtstag? – Durch das langjährige Miteinander hier im Büro wusste Pia, dass Hanni um die gleiche Zeit wie sie gefeiert hatte ...

Pia beugte sich wieder über ihre Arbeit. Plötzlich fragte die Nachbarin: „Was hältst du davon, wenn wir unseren Geburtstag in diesem Jahr zusammen feiern würden?“

Pia tat, als hätte sie nichts gehört, und tippte an dem begonnenen Brief eifrig weiter.

„Darf ich dein Schweigen als Zustimmung werten?“, hakte Hanni wenig später nach.

Pia sah von der Arbeit auf und erklärte: „Ich habe drei Kinder, die freuen sich darauf, meinen Geburtstag mit mir zusammen feiern zu können.“

Hanni wich Pias Blick aus und wandte sich wieder der Arbeit zu. Doch Pia sah, dass die Kollegin enttäuscht war, und fragte sich: *Hätte ich es ihr vielleicht schonender sagen können?*

Verstohlen sah sie zu Hanni hinüber und dachte: *Ich müsste ihr noch etwas Freundliches sagen. Sie hat es sicher nur gut gemeint!* – Doch Pia fiel nichts Passendes ein ...

Nach Feierabend gingen sie, wie an jedem Tag, gemeinsam zur Bushaltestelle. Der Wind hatte sich inzwischen gelegt, aber der Schnee fiel dichter. Die Flocken segelten lautlos nieder und gaben den erleuchteten Straßen ein märchenhaftes Aussehen.

Pia und Hanni gingen schweigend nebeneinander her. An der Haltestelle waren sie die einzigen Fahrgäste. Pia dachte daran, dass sie nach dem Aussteigen noch ein ganzes Stück bis zu ihrem Haus zu gehen hatte. Heute musste sie das wohl allein tun. Bei diesem Wetter würde sie keines ihrer Kinder abholen kommen ...

Es war schön, außerhalb der Stadt zu wohnen. Deshalb hatten ihr Mann und sie auch in einem Vorort ein Häuschen gebaut. Aber mit den Verkehrsverbindungen war es so eine Geschichte, vor allem zu dieser Jahreszeit!

Carina, ihre zweite Tochter, hatte deshalb auch schon oft darüber geschimpft, vor allem, weil sie ihre Freundinnen hier in der Stadt hatte. Pia überhörte das meistens und schwieg. Gelang ihr das aber einmal nicht, hob sie die Vorteile ihres Hauses hervor. Die gab es auch, die überwogen sogar. Sie verwies auf den schönen Garten und darauf, dass jedes von ihnen sein eigenes Zimmer hatte.

„In einer Stadtwohnung wäre das nicht so, da könnten wir uns das nicht leisten.“ Betont hob das Pia jedes Mal zum Schluss hervor. Carina sah das auch ein und Pia erklärte dann tröstend: „Warte doch mal ab. Vielleicht können wir uns ja bald ein Auto leisten, wenn es auch nur ein gebrauchtes ist."

Pia begann langsam hin und her zu gehen und ihre Gedanken wanderten noch weiter zurück. Nach dem Tod ihres Mannes war es ihr schwer gefallen, das Haus zu halten. Um die restlichen Schulden abtragen zu können, hatte sie wieder arbeiten müssen. Um ihre damals noch kleinen Kinder hatte sich dankenswerterweise Frau Fischer, eine Nachbarin, gekümmert, die selbst zwei Buben und zwei Mädchen hatte und sehr gläubig zu sein schien. Pia schloss das daraus, weil Frau Fischer oft von Jesus sprach und zu Taten bereit war, an die andere noch nicht einmal zu denken wagten ...

Inzwischen war Pias älteste Tochter Marion siebzehn Jahre alt. Carina war sechzehn und Frank elf. Pia war froh darüber, dass sie an den Wochenenden und mittwochnachmittags zuhause sein konnte. Sie hatte somit viel Zeit für ihre Kinder. Die beiden Mädchen hatten nachmittags oft noch Unterricht und Frank ging häufig zu Fischers, weil er sich mit den gleichaltrigen Jungen angefreundet hatte ...

Ja, Pia ging es gut und sie wusste, dass sie ungerecht wäre, wenn sie das nicht zugeben würde. Sie war auch ein wenig stolz darauf, dass sie die Probleme nach dem Tod ihres Mannes so gut in den Griff bekommen und sich wieder leidlich im Leben eingerichtet hatte. Deshalb empfand sie es beinahe als störend, dass sich jetzt Hanni, wenn auch sehr vorsichtig, in ihr Leben einklinken wollte. – Vielleicht war störend auch nicht das richtige Wort. – Sie konnte halt noch nicht beschreiben, was in ihr vorging. Der Wunsch, einen Menschen an der Seite zu haben, mit dem sie Schwierigkeiten besprechen konnte, war vorhanden. Das konnte sie nicht leugnen. Trotzdem wäre sie nie auf den Gedanken gekommen, mit Hanni anstatt mit den Kindern Geburtstag zu feiern. – Dass die Arbeitskollegin danach gefragt hatte, zeigte wohl, dass sie doch nicht ganz so zurückhaltend gewesen war, wie sie hatte sein wollen. Ihr Verhalten hatte Hanni wohl zu der Annahme gebracht, dass sie sich nach jemand sehnte. Im Grunde genommen tat sie das ja auch. Aber die Kollegin hatte das nicht merken sollen. Als Mutter gehörte sie zu ihren Kindern, auch wenn sich Carina in letzter Zeit oft familienfeindlich verhielt und Marion mehr und mehr ihre eigenen Wege ging. – Für eine Mutter war das aber kein Anlass, ihren Geburtstag woanders als daheim zu feiern ...

Pia blieb stehen und hob den Kopf. Aber weder von ihrem noch von Hannis Bus war etwas zu sehen.

„Die lassen uns heute besonders lange warten“, meinte die Arbeitskollegin und fuhr fort: „Du brauchst mich deshalb aber nicht so abweisend anzusehen, ich kann wirklich nichts dafür.“

„Tu ich das?“ Pia lachte. „Wenn es so war, hat es nichts mit dir zu tun.“

Sie sah die Kollegin an. Deren Gesicht war mager. Hanni, die drei Jahre älter war als sie, konnte nicht verbergen, dass auch sie Not, Leid und Einsamkeit kennen gelernt hatte. Sie hatte Pia gegenüber nur wenig von sich erzählt. Aber aus diesem Wenigen hatte Pia die schmerzlichen Erfahrungen aus Hannis Leben herausgehört. Diese Erfahrungen hatten Hanni geprägt und zu einem Menschen reifen lassen, der sich nicht so leicht irreführen ließ, der wusste, was er wollte. Das war eine Eigenschaft, die Pia an der Kollegin schätzte …

„Jetzt kommt dein Bus!“, sagte Hanni.

Pia wandte sich nach links und sah die Scheinwerfer. In ihren Lichtkegeln schienen die Flocken besonders eifrig zu tanzen.

„Also dann …“, sagte Hanni zum Abschied. „Du hast noch nicht Nein gesagt. Du überlegst es dir nochmal, nicht wahr?“

Pia stutzte. „Wie? Ich habe noch nicht …“

„Nein, nicht direkt“, unterbrach Hanni. „Also dann … tschüss!“

Pia grüßte zurück und stieg in den Bus. Während er davonfuhr sah sie, dass die Kollegin jetzt an der Haltestelle hin und her zu gehen begann.

Eine halbe Stunde später stieg Pia aus und war erstaunt, dass sie heute doch abgeholt wurde. Marion, ihre Älteste, nahm sie in Empfang.

„Was machst du denn hier?“, wunderte sich Pia.

„Dich abholen – was sonst?“, lachte das Mädchen.

Pia freute sich darüber. Trotzdem hatte sie das Gefühl, dass Marion etwas im Schilde führte. Sie konnte sich nicht vorstellen, dass ihre Älteste die lange Strecke bei diesem Wetter gegangen war, nur um sie abzuholen. Prüfend ließ sie ihren Blick auf dem Mädchen ruhen …

Marion bemerkte das, fragte aber nicht nach dem Grund, sondern hakte sich bei der Mutter unter und zog sie mit sich fort.

„Man wird bald Skilaufen können“, meinte sie nach einer Weile.

„Wenn es so weiter schneit, ja“, schnaufte Pia, die Mühe hatte, mit dem Mädchen Schritt zu halten.

„Wird es! Wird es! Der Wetterbericht hat's gemeldet!", versicherte Marion eifrig.

Pia sah auf, obwohl ihnen der Wind entgegenblies und die Schneeflocken ins Gesicht stachen. Weshalb war dem Mädchen so daran gelegen, dass es keinen Wettersturz gab?

„Sie werden nach Oberstdorf fahren", schob Marion nach, ohne die Mutter anzusehen.

Aha, aus dieser Ecke weht der Wind!, dachte Pia und spürte eine leichte Beklemmung in sich aufsteigen. Aber sie ließ sich nichts anmerken und fragte ruhig: „Wer sind diese ‚Sie'?"

„Einige Mädchen aus unserer Klasse." Marion wagte es nun, die Mutter anzusehen.

„Schon jetzt wollen sie fahren?", wunderte sich Pia.

„Nein, natürlich nicht, erst wenn die Ferien begonnen haben, aber noch vor deinem Geburtstag."

„Noch vor meinem Geburtstag? Willst du denn nicht mit mir fei…"

„Ich hab den andern gesagt, dass es für mich wegen deines Geburtstags kritisch wird", unterbrach Marion. „Aber sie fanden die Geburtstagsfeierei blöd. Für sie war das ein alter Zopf."

Pia zuckte merklich zusammen.

Marion sah sie fragend an.

„Die Geburtstagsfeiern der Eltern blöd, ein alter Zopf?", wiederholte Pia und in ihrer Stimme lag Enttäuschung. „Ist das auch deine Ansicht?"

Marion zögerte. „Naja, ein alter Brauch ist's schon. – Diese Feiern laufen ja auch immer nach der gleichen Masche ab", sagte sie gleichgültig, aber so, dass die Mutter merkte, dass sie ihr nicht wehtun wollte. „Du darfst halt nicht vergessen, dass wir größer werden und zu bestimmten Dingen andere Ansichten haben."

Pia schwieg einen Augenblick. „Das heißt also, du würdest ..."

„Ja, ich würde gerne Ski laufen", unterbrach Marion. „Ich würde wahnsinnig gerne mit den andern in die Berge fahren – über die ganzen Ferien. Martina meint auch, dass ich mitkommen sollte."

„So", sagte Pia kurz.

Auf dem weiteren Weg sprachen sie nur noch wenig miteinander.

Zuhause empfand Pia die Wärme als sehr wohltuend. Langsam legte sie den Mantel ab und zog ihre Stiefel aus. Nach einem prüfenden Blick in den Spiegel ging sie in die Küche und wärmte das vorbereitete Essen auf. Dabei wirkte sie nachdenklich.

Als sie den Tisch zu decken begann, sagte Marion: „Heute brauchst du einen Teller weniger. Carina ist nicht da."

Die Mutter sah erstaunt zu ihr hin.

„Sie ist zu irgendeiner Party", erklärte Marion. „Wir sollen auch nicht auf sie warten. Sie wird irgendwann nach Hause gebracht, hat sie gesagt."

Pia gab es einen Stich. Sie unterdrückte aber eine Antwort. „Wo ist Frank?", fragte sie.

„Drüben – bei Fischers. Ich hole ihn", bot sich Marion an und machte sich sofort auf den Weg, weil sie sah, dass die Mutter immer trauriger wurde.

Als Pia allein war, sank sie auf einen Stuhl und dachte nach. Irgendetwas hatte sich verändert. Sie konnte es zwar nicht beschreiben, aber es war da und belastete sie. Carina war schon hin und wieder später nach Hause gekommen, aber diesmal hatte sie das Gefühl, dass es etwas zu bedeuten hatte …

Marion kam mit Frank zurück, und Pia stellte das Essen auf den Tisch.

„Kommt, setzt euch", bat sie und fuhr so freundlich, wie es ihr im Augenblick möglich war, fort: „Vielleicht bleibt der Schnee tatsächlich liegen."

„Ich hab keinen Hunger! Ich hab schon gegessen!", maulte Frank widerspenstig, weil es ihm nicht passte, dass er nach Hause geholt wurde.

Die Mutter ging nicht darauf ein. – „Dann setz du dich doch, Marion!“ In Pias Stimme lag ein leises Drängen.

„Mutter – ich – du weißt es doch – ich – wenn ich am Abend noch ...“

Pia winkte ab. „Du mit deinem Hungern wegen der Linie!“ – Sie sah die Tochter an und sagte heftig: „Dann setz dich halt trotzdem zu mir. Immer soll ich allein sein!“

Pia wusste sofort, dass dieser Ausbruch unbeherrscht war. Ihr war nun selbst der Appetit vergangen und sie presste hervor: „Dann kann ich ja wieder abräumen.“

Sie nahm die unbenutzten Teller vom Tisch und stellte sie in den Küchenschrank zurück. Nach kurzem Zögern half ihr Marion beim Abräumen, weil ihr die Mutter leidtat.

Wenig später ging Pia zu Bett. Sie wollte nichts mehr hören und sehen. Doch sie konnte nicht einschlafen, wie immer, wenn sie sich aufgeregt hatte und eines der Kinder noch nicht zurück war.

Schließlich musste sie aber doch eingeschlafen sein, denn plötzlich fuhr sie erschrocken hoch und hörte Stimmen. – Carina? – Ja, es war Carina. Sie unterhielt sich laut mit dem Jungen, der sie heimgebracht hatte. Pia atmete erleichtert auf.

Augenblicke später ärgerte sie sich erneut über das Mädchen. Es sprach so lange und so laut. Dann schlug endlich die Wagentür zu, der Motor wurde gestartet und das Auto fuhr davon.

Jetzt hörte sie, wie Carina versuchte, so leise wie möglich in ihr Zimmer zu schleichen. Trotz der Rückkehr des Mädchens lag Pia noch lange wach. Sie war nur froh, dass der nächste Tag ein Samstag war und sie länger im Bett bleiben konnte.

Während der Morgentoilette nahm sie sich vor, über Carinas späte Heimkehr kein Wort zu verlieren. Sie wollte sich wie an jedem Tag geben, tun, als sei nichts geschehen.

Das gelang ihr auch, als sie in der Küche den Kaffee kochte und das Frühstück zubereitete. Auch als die Kinder erschienen, kostete es sie keine übermäßige Anstrengung freundlich und gleichgültig zu erscheinen. Aber mit einem Mal ertappte sie sich dabei, dass sie Carina aufmerksamer beobachtete als die anderen. Doch das Mädchen erwähnte seinen nächtlichen Ausflug mit keiner Silbe. Es sagte gar nichts und saß stumm wie ein Fisch an seinem Platz.

Pia sah, dass Carina Schatten unter den Augen hatte. Ob sie echt oder angemalt waren, konnte sie nicht feststellen. Die Möglichkeit, dass sie sich so geschminkt hatte, bestand, weil sie sich in einer Phase befand, in der sie älter und erfahrener erscheinen wollte, als sie war. Das Haar fiel ihr locker über die Schultern und als Pony in die Stirn. Von den Brauen war nichts mehr zu sehen und Pia dachte: *Demnächst werden auch die Augen verdeckt sein.* – Aber sie hütete sich, ihre Überlegungen auch nur durch eine Andeutung preiszugeben.

So verlief das Frühstück ohne Auseinandersetzung. Aber in diesen Minuten spürten alle im Haus, dass Friede mehr war als kein Streit. Obwohl kein gehässiges Wort fiel, lag eine Spannung in der Luft, die alle bedrückte.

Dann, wie bei einem aufziehenden Gewitter, war gegen Mittag das Rollen des fernen Donners zu hören. Carina war plötzlich mit allem unzufrieden, hatte an jedem was auszusetzen und steckte die anderen mit ihrer Nörgelei an.

Pia merkte ihrer Tochter an, dass sie etwas bedrückte und sie es loswerden wollte. „Du", sagte sie deshalb, „wenn du was auf dem Herzen hast, dann sprich es aus und stänkere nicht an allem herum."

Carina sah sie trotzig an und schüttelte den Kopf.

„Vielleicht überlegst du es dir doch noch anders und erzählst mir, was in dir vorgeht", versuchte Pia dem Mädchen eine Brücke zu bauen.

Carina verließ das Zimmer. Sie war verärgert.

Augenblicke später kam sie aber noch einmal zurück und erklärte: „Damit du es weißt, in diesem Jahr mach' ich deine übliche Geburtstagsfeier nicht mit!"

Pia hatte geahnt, dass Carinas Auflehnung mit ihr zu tun hatte, trotzdem war sie jetzt überrascht. Vor allem über den angeschlagenen Ton.

Bevor sie antworten konnte, setzte Carina noch eines drauf. „Heute feiert man nicht mehr mit kitschigen Liedern und so. Ich jedenfalls nicht mehr! Im Übrigen bin ich an deinem Geburtstag auch bei Freunden eingeladen."

Das wirkte wie ein Schlag auf Pia und sie zuckte zusammen. Aber sie sagte kein Wort, sie sah die Tochter nur schweigend an. Sekunden später wandte sie sich Marion zu und fragte leise, als erwarte sie keine gute Antwort: „Und du? Was hast du vor?"

„Ich – Mutter – ich sagte dir doch schon gestern", stotterte das Mädchen und ihm war anzusehen, dass es Pia nicht wehtun wollte. „Ich – ich würde gerne mit den anderen in die Berge fahren. Ich – ich bin doch eingeladen worden. Es – es fragt sich nur ..."

„Was fragt sich nur?", forschte Pia und ihr Ton fiel härter aus, als sie wollte.

„Wie das mit dir wird“, erklärte Marion und ließ die Mutter nicht aus den Augen.

„An meinem Geburtstag, meinst du wohl?“, hakte Pia nach, um sich Klarheit zu verschaffen.

„Ja. Ich möchte schon ...“, versuchte Marion in ruhigem Ton zu erläutern.

Aber Pia nahm das nicht wahr und gab energisch zurück: „Du meinst wohl, was aus Frank und mir wird?“

Der Junge saß am Fenster und schaute nach draußen. Er tat so, als ob ihn das alles nichts angehe, und hatte bis jetzt auch noch kein Wort gesagt.

„Ach der! Um den brauchst du dir keine Gedanken zu machen. Der rennt doch wieder zu Fischers“, schaltete sich Carina ein.

Pia schmerzte diese Bemerkung. Sollte es wirklich stimmen, dass auch der Junge an ihrem Geburtstag schon lieber mit anderen zusammen war als mit ihr? – Sie versuchte den Einwand zu verdrängen. Aber es blieb bei dem Versuch. Carinas Worte hatten voll getroffen und saßen tief. Sie konnte sich gut vorstellen, dass Franks Wahl zu Gunsten der Nachbarsleute ausfallen würde. Bei den Fischers herrschte eine wohltuende Atmosphäre, die nicht nachzuahmen war. Pia wusste längst, dass dieses Klima mit dem Glauben der Nachbarn zusammenhing, aber sie gab es nicht zu. Die Hilfe der Fischers nahm sie gerne in Anspruch, doch so „fromm" wie die waren, wollte sie nicht werden ...

Es konnte ja auch sein, dass Frank gar nicht zu den Nachbarn wollte, dass Carina das nur gesagt hatte, um ihr einen Stich zu versetzen.

„Ist das wahr, Frank? Möchtest du an meinem Geburtstag zu Fischers gehen? Es war doch immer so schön bei uns", sagte sie deshalb.

Der Junge wandte sich ihr zu, kam aber nicht zu Wort.

„Schön? Ich weiß nicht, was du an unserem Feiern schön gefunden hast, Mutter!", mischte sich Carina ein. „Ihr älteren Leute habt wahrscheinlich eine andere Geschmacksrichtung. Wir finden das nicht mehr schön. Übrigens ist schön ein vollkommen falscher Ausdruck. Ich würde da eher ..."

„Hat das etwas mit Geschmack zu tun? Ich denke, man bringt seine Freude und Dankbarkeit da zum Ausdruck, wo man zeigen kann, dass man den Menschen, um den es gerade geht, haben darf!", empörte sich Pia.

„Viele von uns jungen Leuten sehen das anders. Nur ihr Alten, ihr seid halt so ...", Carina brach ab.

„Verkalkt, nicht mehr ganz richtig im Oberstübchen! Das wolltest du doch sagen, nicht wahr?", redete Pia dazwischen und konnte nun doch nicht mehr verbergen, dass ihr der Geduldsfaden gerissen war. „Ganz klar, wir wissen nicht mehr, was die Stunde geschlagen hat. Wir leben in alten Traditionen und sehen die Wirklichkeit nicht. Was wir machen und denken, ist veraltet. Nur ihr allein … Mit euch fängt wohl die Welt erst an. Ihr …“

„So ist das doch nicht, Mutter. Wirklich nicht“, unterbrach Marion, der es bei diesem Ausbruch unbehaglich wurde. „Du übertreibst jetzt. Wir sehen halt nur einiges etwas …“

„Was heißt einiges! Es ist so viel, dass ich nicht mehr mitmachen will. Begreift das endlich!“, wehrte sich Carina, weil ihr die Vermittlung der älteren Schwester auf die Nerven ging. „Muss es denn immer so weiter gehen, nur weil es einmal so war? – Das kann doch nicht sein! Wenn mir klar wird, dass etwas Stuss ist, werde ich es lassen! Und diese ganze Feierei und Schenkerei ist zum …“

„Darüber haben wir schon oft genug gesprochen und sind uns einig geworden“, schaltete sich Pia ein, die inzwischen ihre Beherrschung wiedergefunden hatte. „Also müssen wir nicht von Neuem darüber diskutieren. Wer jemand etwas schenken will, der soll es tun, und wer es nicht will, der soll es sein lassen.“

Carina sah zu Boden und schwieg, aber es arbeitete in ihr. Nein, mit dem, was die Mutter gesagt hatte, konnte sie sich nicht zufriedengeben. Sie hob ruckartig den Kopf und erklärte aufsässig: „Okay, gesprochen haben wir darüber. Wir sind uns auch einig geworden. Aber in Ordnung ist es doch nicht. Wie es bei uns läuft, wird man fast schon dazu gezwungen, doch was zu schenken und mitzufeiern. Es ist am besten …"

„Gezwungen? – Von wem wirst du gezwungen? Von mir nicht, wirklich nicht!", versicherte Pia entschieden. „Wenn du das Besprochene nicht einfach so stehen lassen kannst, wenn du dich selbst unter Druck setzt, dann ist das wohl dein Problem, und du solltest die Ursache bei dir suchen. Vielleicht würde dir dann aufgehen, dass ein wesentlicher Teil deiner Aufsässigkeit mit deiner Meinung zu tun hat, dass alles, was alt ist, nichts mehr taugt, folglich weggeworfen, ausgetauscht werden muss. Dein besonderer Ärger wird aber dadurch hervorgerufen, dass du bei mir in dieser Beziehung nicht die erwünschte Unterstützung findest. Dabei wird es auch bleiben, weil ich finde, dass es unter dem Alten vieles gibt, das Bestand hat."

„Goethe war da anderer Meinung", hielt Carina verbissen dagegen. „Er sagte im Faust: *‚Es erben sich Gesetz und Rechte wie eine ewige Krankheit fort …'"*

„Oh, wenn du mit Goethe kommst, kann ich nicht mehr mithalten, da muss ich mich geschlagen geben", sagte Pia. Es sollte lustig klingen, aber es gelang ihr nicht, und sie ging schnell hinaus.

Doch im Flur blieb sie unschlüssig stehen. Sollte sie wieder zurückgehen und das Gespräch fortsetzen? Nein, dazu konnte sie sich nicht entschließen, und sie verschwand in ihrem Schlafzimmer. Hier setzte sie sich auf die Bettkante und ließ den Kopf sinken. Erst jetzt merkte sie, wie hart sie die Geschichte mit den Kindern getroffen hatte und wie traurig sie dadurch geworden war. Wirklich, eine solche Erfahrung war schon bitter.

Sie hatte ihr ganzes Leben auf die Kinder ausgerichtet, sie wollte, dass die Mädchen und der Junge glücklich waren. Das Glück der Kinder war auch ihr Glück gewesen. Doch jetzt wollten die Kinder ihre Fürsorge nicht mehr. Das war – auf einen kurzen Nenner gebracht – der Punkt, um den es hier ging …

Wie kam es, dass das bei Fischers anders lief? Einige ihrer Kinder waren auch dabei flügge zu werden, aber sie hatte noch nichts davon gehört, dass das mit solchen Schwierigkeiten wie bei ihr verbunden gewesen wäre. – Verstanden es die Nachbarn, ihre Probleme geschickt zu vertuschen? – Pia konnte sich das nicht vorstellen. Sie kannte die Fischers schon zu lange und wusste, dass sie keine guten Schauspieler waren und immer den Mut besaßen, zur Wahrheit zu stehen. – Folglich gab es nur eine Erklärung: Es musste mit ihrem Glauben zusammenhängen, dass es bei ihnen auch in dieser Beziehung anders lief ...

Pia erinnerte sich an ein Gespräch mit Herrn und Frau Fischer, das ihr gar nicht geschmeckt hatte. Der Nachbar und seine Frau hatten sie behutsam darauf hingewiesen, dass ihre totale Ausrichtung auf die Kinder nicht mit dem Willen Gottes im Einklang stehe und einmal sehr bitter für sie ausgehen könnte. Die erste Stelle in jedem Leben gehöre dem Herrn Jesus. Wer das befolge, werde nie ohne Halt und Sinn dastehen. Alles andere sei von dieser Welt und somit sehr vergänglich. Es reiche nicht aus, um darauf ein Leben zu gründen.

Sollte ihr jetzt beigebracht werden, dass auch dies – wie vieles andere, was ihr die Fischers gesagt hatten – der Wahrheit entsprach ...?

Pia sah auf und zum Fenster hinaus, vor dem sich der verschneite Garten ausbreitete. Die weiße

Pracht erinnerte sie an Marions Wunsch, über ihren Geburtstag hin in die Berge zu fahren. Mit diesem Gedanken konnte sie sich noch immer nicht anfreunden. Nicht, weil ihr der Geburtstag so wichtig gewesen wäre, aber kam in dem, wie sich die Kinder an diesem Punkt verhielten, nicht zum Ausdruck, wie sie zu ihr standen ...?

Gut, Marions Begehren, in die Berge zu fahren, konnte sie noch verstehen, auch wenn in ihm keine Rücksichtnahme auf andere zu erkennen war. Mit Carinas Standpunkt dagegen verhielt es sich anders. Mit ihm konnte sie sich in keiner Weise anfreunden. Wie das Mädchen nur zu einer solchen Haltung gekommen war? – Etwa durch die Schule? ...

Und Frank? Was war mit ihm? Hatte er sich nur von der Aufsässigkeit der Schwestern anstecken lassen oder fand er es bei den Fischers wirklich schöner als zuhause? – Bei genauerer Betrachtung meinte sie, dass Letzteres der Fall sei. Er hatte schon einiges von den Nachbarn aufgeschnappt. Manches Mal hörte sie ihn sogar fromme Lieder singen und erst vor wenigen Tagen hatte sie in der Schublade seines Nachttisches eine Kinderbibel entdeckt, die unter Garantie von den Fischers stammte.

Weshalb sprang der Junge auf die frommen Sachen so an, während die Mädchen, die, als sie noch kleiner waren, ihre Freizeit auch bei den Nachbarn verbracht hatten, nichts oder nur wenig davon angenommen hatten? – Eine stichhaltige Antwort fand Pia nicht. Sie konnte nur den vorhandenen Tatbestand registrieren und wusste im Augenblick nicht, ob ihr die Einstellung der Mädchen oder die des Jungen lieber war …

Plötzlich meinte Pia, dass sie alle drei auf eine andere, ihr genehmere Bahn hätte lenken können, wenn sie nicht zur Arbeit gegangen wäre und die Kinder ständig bei sich zuhause hätte haben können. – Aber das war nun müßig darüber zu spekulieren. Sie hatte nicht zuhause bleiben können, weil sie nach dem Tod ihres Mannes die Restschulden vom Haus abstottern musste. Sie hatte es nicht aufgeben und nicht zulassen wollen, dass andere Leute es sich in ihm bequem machen konnten. Sie hatte es für die Kinder erhalten, ihnen eine echte Heimat schaffen wollen. Außerdem mussten sie auch von etwas leben. All das fiel einem nicht in den Schoß, dafür musste hart gearbeitet werden, nicht nur im Geschäft, auch zuhause. War das nichts? Warum wurde das nicht anerkannt …?

Die Sache mit Frank hatte Pia am härtesten getroffen, und sie grübelte über das Warum nach.

Lag es daran, dass der Junge einen Weg beschritten hatte, auf dem er mit den Gefahren der Schwestern erst gar nicht in Berührung kam? Bei ihm zeigten sich Ansätze vom Lebenswandel der Fischers, er ging in der gleichen Spur wie die Nachbarn, lernte nichts Schlechtes. Also warum ihre Kränkung?

Pia war ehrlich genug sich einzugestehen, dass sie neidisch auf die Nachbarin war. Sie ärgerte sich darüber, dass Frau Fischer anziehender auf ihren Jungen wirkte als sie, die Mutter. Doch sofort wurde sie sich des Unsinns ihrer Denkweise bewusst und ging dagegen an. Sie merkte nämlich, dass sich ihre Situation durch den Neid nicht verbesserte, sondern noch beschwerlicher wurde. Frank dachte deshalb nicht um, aber sie belastete sich mit der Abneigung gegenüber Frau Fischer! Wenn eine Änderung erfolgen sollte, dann musste sie, Pia, sich ändern. Doch wollte sie das ...?

Plötzlich schreckte sie auf. Sie meinte, dass es geklopft hatte. Ja, jetzt hörte sie es wieder und sagte: „Herein!" Aber die Tür öffnete sich nicht und es klopfte erneut.

Diesmal merkte sie, dass das Klopfen vom Fenster her kam. Dort entdeckte sie einen kleinen Vogel. Als er bemerkte, dass er beobachtet wurde, flog er davon und setzte sich auf einen kahlen Ast des Baumes, in den Frank ein Futterhäuschen gehängt hatte. Wahrscheinlich waren keine Körner mehr in ihm, und der gefiederte Gast musste am Fenster herumpicken.

Pia nahm sich vor, den Jungen zu bitten, das Vogelhäuschen wieder mit Futter aufzufüllen …

Nicht lange und ihre Gedanken wanderten zurück in die Zeit, als Frank geboren wurde. Schon damals hatte sie geahnt, dass sein Vater nicht wieder gesund würde. In ihrer Verzweiflung darüber hatte sie sich an das kleine, neue Leben geklammert. Sie hatte es als eine besondere Fügung angesehen, dass ihr gerade jetzt ein Junge geschenkt worden war, und sich vorgenommen, ihn in besonderer Weise zu lieben. War ihr das vielleicht nicht gelungen?

Doch, sie meinte schon. Soweit sie sich erinnern konnte, hatte sie ihn uneingeschränkt geliebt. Natürlich hatte sie versucht, das nicht offen zu zeigen. Ihr war schon bewusst, dass es nicht gut für Frank gewesen wäre, wenn er bemerkte hätte, was er ihr bedeutete. Aber sie hatte ihn schon mehr geliebt als die Mädchen …

An dieser Stelle wurde ihr komisch zu Mute. Sie wollte es zwar nicht wahrhaben, aber es entsprach der Wirklichkeit. Bei Frank durfte sie eigentlich nicht von Liebe reden. Sie war ihm nicht nur einfach so zugetan, sondern verband ihre Zuneigung mit dem Hintergedanken, dass er sie ebenso gernhaben möchte, wie sie ihn gern hatte. Lange Zeit hatte er ihre Erwartungen auch erfüllt. Er hatte ihr Entgegenkommen unaufgefordert erwidert und sich oft herzlich an sie geschmiegt. Doch jetzt – wie stand er jetzt zu ihr? – Als sie über ihren Geburtstag gesprochen hatten, hatte er geschwiegen. Sie wusste auch jetzt noch nicht, ob er mit ihr feiern oder zu Fischers gehen wollte ...

Als Pia am Montag das Büro betrat, war Hanni Berk schon anwesend und sah sie eigenartig prüfend an. Auch als sie der Kollegin den Rücken zuwandte, fühlte sie noch den eindringlichen Blick, und ihr wurde unbehaglich zu Mute.

Kaum hatte sie sich an den Schreibtisch gesetzt, fragte Hanni: „Bist du krank? – Jedenfalls siehst du nicht so aus, als ob du ein erholsames Wochenende erlebt hättest."

Pia wusste, dass es spaßig gemeint war, aber sie konnte nicht darüber lachen, sondern nur das Gesicht nervös verziehen. Als sie feststellte, dass Hannis Blick noch immer fragend auf ihr ruhte, sah sie sich verpflichtet, ihr eine Erklärung abzugeben.

„Krank? – Nein, krank bin ich eigentlich nicht. Es gab nur Ärger zuhause – mit den Kindern. Ich bin – ja, ich bin enttäuscht. Ich weiß nicht recht, wie ich mich verhalten soll.“

Pia hatte sich in den letzten Monaten angewöhnt, Hanni ein wenig an ihrem Leben teilnehmen zu lassen. Sie hatte ihr von ihren Sorgen erzählt und sie gelegentlich auch um Rat gefragt. Einmal, sie erinnerte sich noch gut daran, hätte sie in ihrer Gegenwart fast auch geweint. Gerade im letzten Augenblick hatte sie sich noch beherrschen können.

Im Allgemeinen empfand sie es als wohltuend, in Hanni einen Menschen gefunden zu haben, mit dem sie reden und der – zumindest hatte sie bisher noch nichts Gegenteiliges festgestellt – auch gegenüber anderen schweigen konnte. Mehr noch, sie erfuhr immer wieder, dass sie an ihrem Kummer auch teilnahm, selbst dann, wenn sie einfach nur zuhörte. Und wie glücklich war sie, wenn Hanni sich mit ihr freute. Das hatte zur Folge, dass die Kollegin auch merkte, wenn sie traurig war, auch dann, wenn sie es nicht merken sollte – so wie in diesem Augenblick.

Nach einer kurzen Pause seufzte Pia und war verwundert, dass es ihr über die Lippen kam: „Es stimmt – du hast Recht – ein erholsames Wochenende war das nicht für mich. – Ich weiß auch nicht, ob ich in absehbarer Zeit ein solches erleben werde."

„Nanu? Wieso das? Willst du in deinem Haus die Entspannung abschaffen?", fragte Hanni in spaßigem Ton, um die Situation etwas aufzulockern.

„Nein, nein! Das nicht!", beeilte sich Pia zu versichern.

„Ist es nur eine vorübergehende Anspannung? – Steht sie im Zusammenhang mit deinem Geburtstag? Wachsen dir die Vorbereitungen über den Kopf?", hakte die Kollegin nach.

Pia fühlte sich gehemmt und machte eine Pause. Irgendwie tat es ihr weh, darüber zu reden. Sie bedauerte, dass es bei ihnen so weit gekommen war. Aber sie musste sich der Tatsache stellen und erklärte: „Die Vorbereitungen machen mir nicht zu schaffen. Aber die Mädchen möchten nicht mit mir feiern. Wenn sie es nicht wollen, kann ich sie auch nicht dazu zwingen. Ich möchte es auch nicht. Ein erzwungenes Feiern bringt nämlich gar nichts."

Hanni schwieg, ohne Pia aus den Augen zu lassen. „Deine Mädchen sind nicht mehr für das Geburtstagfeiern, sagst du? Und dein Junge, wie steht er dazu? Ihn hast du noch gar nicht erwähnt", erkundigte sich die Kollegin.

Sie lässt einfach nicht locker!, dachte Pia, weil sie ahnte, was jetzt kommen würde. Als sie aufsah, bemerkte sie, dass Hanni ihren Blick fragend auf sie gerichtet hatte. – „Der Junge ist erst elf. Er lässt sich noch leicht von seinen fast erwachsenen Schwestern beeinflussen", erklärte Pia heftiger als sie wollte und es ihrer Überzeugung entsprach.

Hanni nickte nachdenklich.

Pia sagte sich: *Sie glaubt mir nicht*, und versuchte, von diesem Thema wegzukommen. „Wir machen es uns hier ein bisschen schön und feierlich", sagte sie.

Hanni ließ ihren Blick zu dem kleinen Tisch wandern, auf dem Pias Computer stand. Pia wandte sich um und entdeckte einen winzigen Blumenstock.

„Von dir?", fragte Pia, ohne die Kollegin anzusehen.

„Ja", kam es zurück.

„Dankeschön. Sehr lieb von dir", freute sich Pia und sah jetzt die Kollegin an. Die schien auf eine weitere Entgegnung zu warten, aber Pia sagte nichts mehr.

„Das Blumenstöckchen ist von mir, damit du nicht vergisst …", Hanni brach ab und hustete, als hätte sie sich verschluckt.

„Damit ich was nicht vergesse?“, forschte Pia, obwohl sie genau wusste, was die Kollegin meinte. Eigenartigerweise erfreute und tröstete sie es jetzt, dass Hanni weiterhin Wert darauf legte, ihrer beider Geburtstage zusammenzufeiern. Eine Zusage gab sie der Kollegin aber nicht.

„Ich finde, du hast es verdient, dass sich an deinem Geburtstag jemand um dich kümmert“, schob Hanni deshalb nach.

Pia gab keine Antwort, setzte sich und schob den Blumenstock etwas zurecht. Dann läutete das Telefon. Der Arbeitstag mit seiner Hektik begann, und keine von ihnen kam auf dieses Thema mehr zurück.

Es waren eigenartige Tage für Pia. So froh wie sonst vor ihrem Geburtstag wurde sie in diesem Jahr nicht. Allerdings war sie auch nicht traurig. Sie wusste selbst nicht, wie sie ihren Zustand beschreiben sollte.

Als Marion ihre Skisachen zusammenpackte, ging sie ihr sogar zur Hand, als sei sie mit dem Urlaub in den Bergen einverstanden. Sie brachte es auch über sich, Carina zu fragen, ob sie für ihre Party noch etwas Neues zum Anziehen brauche. Für Frank hatte sie schon vor Tagen ein Päckchen gepackt, das er den Fischers als Anerkennung dafür geben sollte, dass er so oft bei ihnen war.

Dann hatte sie eines Tages ein merkwürdiges Erlebnis. Sie stieg auf den Dachboden und stieß mit Frank zusammen. Er kam gerade aus der Kammer und erschrak bei ihrem Anblick.

„Was hast du?“, fragte sie verwundert, weil er arg zusammengefahren war.

„Ach nichts – gar nichts!“, stieß er verlegen hervor und rannte die Treppe hinunter.

Pia sah ihm nach und eine leise Traurigkeit stieg in ihr auf, weil sie wusste, dass er nicht ehrlich gewesen war. Als sie hörte, dass er die Tür zu seinem Zimmer öffnete, ging sie in die Bodenkammer und stutzte. Auf dem Tisch stand der Kasten, in dem sie die Blumenvasen aufbewahrte, die sie im Winter nicht brauchte. Er war offensichtlich von Frank hierher gestellt worden. – Wozu hatte er ihn gebraucht? – Pia hob den Deckel auf und sah, dass die Vasen aus ihrer Verpackung genommen und nur flüchtig wieder in den Kasten gelegt worden waren. Keine Frage: Der Junge hatte sie kommen hören.

Pia besah sich die Vasen noch eine ganze Weile. Dann verpackte sie jede wieder vorschriftsmäßig und stellte den Kasten weg. Bedächtig legte sie die rechte Hand ans Kinn und überlegte, was sie hier gewollt hatte. Sie war wegen etwas anderem hierherauf gestiegen! Was war das nur? – Ach ja, sie hatte sich nach etwas für Hanni Berk umsehen wollen! Sie musste ja etwas für die Arbeitskollegin haben, falls …

Pia war jetzt schon so weit, dass sie manchmal den Gedanken ertragen konnte, ihren Geburtstag in ihrem Haus ausfallen zu lassen. Dann gab es auch wieder Augenblicke, in denen sich alles in ihr dagegen wehrte und sie meinte, es unter keinen Umständen zulassen zu dürfen, dass an diesem Tag unter ihrem Dach nicht gefeiert wurde. Weil sie im Blick auf ihre Mädchen aber erkannte, dass sie es nicht verhindern konnte, war ihr oft, als würde etwas in ihr zerbrechen.

Doch in diesem Augenblick sagte sie sich: *Ganz gleich, wie sich die Kinder auch entscheiden werden, in diesem Jahr wirst du deinen Geburtstag nicht zuhause feiern. Vielleicht ist das eine Sprache, die sie zur Besinnung bringt, und im nächsten Jahr ist es wieder anders.*

Der Gedanke, zusammen mit Hanni zu feiern, erschien ihr immer verlockender. Schließlich freute sie sich sogar darauf, wieder einmal mit einem Erwachsenen zusammensein zu können. Sie stellte sich vor, dass ein solches Treffen ihr auch Erfüllung schenken konnte ...

In diesem Jahr waren die Winterabende für Pia sehr lang. In den zurückliegenden Jahren hatte sie fast an jedem Abend mit den Kindern im Wohnzimmer gesessen und sie hatten sich allerhand erzählt. In diesem Jahr waren sie erst fünf- oder sechsmal zusammengekommen und mit dem Erzählen hatten sie sich schwer getan. Um sich die Zeit zu vertreiben, begann Pia damit, kunstvolle Deckchen zu sticken. Die meisten davon verschenkte sie dann. Schon mancher Nachbarin und Arbeitskollegin hatte sie damit eine Freude gemacht.

Auch heute saß Pia wieder mit einer Handarbeit im Wohnzimmer, als ihre Gedanken hin und her zu wandern begannen. Mit einem Mal lichtete sich der dunkle Schleier, der über allem lag, und ihr wurde leichter zu Mute. Sie konnte sich sogar freuen. War es nicht beglückend, dass es zumindest einen Menschen gab, der gerne mit ihr Geburtstag feiern wollte ...?

Als Pia am nächsten Morgen vom Wohnzimmerfenster aus über den verschneiten Garten sah, kam ihr die Erinnerung an ihre Kindheit. Damals war ihr an jedem Geburtstag gewesen, als würde ein Wunder geschehen. Sie hatte etwas Außergewöhnliches erwartet, ohne es beschreiben zu können. In diesem Augenblick war es wieder so …

Diesmal versuchte sie, ihre Erwartung aber zu ergründen. War nur die Vorfreude auf das Zusammensein mit Hanni der Auslöser? – Gewiss, das spielte auch eine Rolle, aber das war nicht alles. Pia war, als sollte sie an ihrem diesjährigen Geburtstag eine ihr noch nicht bekannte Erfahrung machen …

Am Abend kam sie ausnahmsweise etwas früher von der Arbeit zurück. Als sie noch ein Stück von ihrem Haus entfernt war, sah sie einen Jungen die Straße entlang kommen, den sie an der Gangart als ihren Frank erkannte. Zu ihrem Erstaunen trug er einen eingepackten Blumenstrauß bei sich.

„Wo wird er damit hin wollen?“, fragte sich Pia und verlangsamte den Schritt. So gelangte der Junge vor ihr zu ihrem Haus und verschwand darin.

Als sie den Flur betrat, roch es nach Blüten, was sie an ihre Jugendzeit erinnerte. Damals hatte es vor festlichen Anlässen ebenso in ihrem Elternhaus gerochen. – Leise schlich Pia in ihr Zimmer und setzte sich an den Schreibtisch. Sie verschränkte die Arme auf der Platte, legte den Kopf darauf und begann zu weinen. Warum sie das tat, wusste sie nicht zu sagen, sie war ganz einfach von diesem Gefühl übermannt worden.

Am Tag vor Pias Geburtstag fuhr Marion mit den anderen Mädchen in die Berge. Da sie sich für eine Reise mit dem Zug entschieden hatte, ließ es sich Pia nicht nehmen, sie zum Bahnhof zu begleiten. Marion war glücklich darüber. Sie schloss daraus, dass die Mutter nichts mehr gegen die Reise hatte.

Damit hatte sie auch Recht. Pia hatte tatsächlich ihre Vorbehalte aufgegeben, weil sie eine Mutter war, die das Glück der Kinder zu ihrem eigenen machte.

Mit Carina verhielt es sich anders. Sie schien mit sich selbst nicht im Reinen zu sein und gab sich stachelig wie ein Igel. Doch als sie an Pias Geburtstag, der in diesem Jahr auf einen Sonntag fiel, zum Bus gehen wollte, musste sie die Mutter fast trösten. Offensichtlich hatte sie den Entschluss, anstatt mit der Mutter, mit ihren Freunden in der Stadt zu feiern, längst bereut.

Pia wusste: *Du brauchst jetzt nur einen entsprechenden Satz zu sagen, und sie bleibt zuhause.*

Aber sie tat es nicht, obwohl es ihr nicht ganz leicht fiel. Sie wollte die Entscheidung ihrer Tochter überlassen.

Als Carina gegangen war, breitete sich in Pia ein eigenartiges Gefühl aus. Sie ging ins Wohnzimmer und blieb unschlüssig mitten im Raum stehen. Was gab es jetzt noch für sie zu tun? – Ihr fiel nichts ein und das eigenartige Gefühl verstärkte sich, ging schließlich in Selbstanklagen über.

In den zurückliegenden Jahren hatte sie an ihren Geburtstagen vor lauter Betriebsamkeit keine Minute zur Ruhe gefunden. Jetzt stand sie einfach so untätig herum. Keiner wollte mehr etwas von ihr, keinem konnte sie helfen! – Das war nicht einfach – wirklich nicht. Auch das musste erst gelernt sein!

Schließlich ging sie im Haus umher, schaute in jedes Zimmer. Als sie zur Küche kam, machte sie sich einen Kaffee. Während sie ihn trank, sah sie zur Uhr und dachte: *Bald kann ich mich auf den Weg zu Hanni machen – ein Glück!*

Wenig später betrat sie den Flur und begegnete Frank. Er hatte es eilig und war atemlos. In den Armen hielt er ein Päckchen.

Pia sah es, fragte aber nicht, was er damit vorhatte, sondern sagte: „Warte einen Augenblick."

Sie verschwand im Schlafzimmer und kam wenig später mit dem Päckchen zurück, das sie schon vor Tagen für Frank gepackt hatte. „Gib es Fischers Kindern, wenn du nachher hinübergehst. Sie sollen auch was von meinem Geburtstag haben“, sagte sie.

Frank strahlte über das ganze Gesicht. *Er freut sich riesig auf das Zusammensein mit den Nachbarskindern,* dachte Pia und ihr gab es einen Stich im Herzen. Mit einem Ruck drehte sie um, ging wieder ins Schlafzimmer zurück und zog sich für den Besuch bei Hanni um ...

Plötzlich hielt sie inne und versuchte sich einzureden: *Nächstes Jahr ist es wieder anders. Aus dem, wie es dieses Jahr läuft, werden die Kinder ihre Lehre ziehen ...*

Aber sie merkte bald, dass ihr Reden nichts als ein Beruhigungsversuch war. Keines der Worte fand in ihrem Herzen einen Widerhall. Stattdessen flüsterte ihr eine Stimme ein: *Ach, nächstes Jahr! Bis nächstes Jahr ist es noch weit! Wer weiß, was nächstes Jahr ist ...!*

Dann hielt sie dagegen: *Vielleicht kann bis nächstes Jahr doch etwas anders sein. Wenn Frank auf das Frommsein der Fischers anspringt, könnte ich ja auch so werden und ihn auf diese Weise bei mir halten ...*

Ruckartig fuhr sie mit der Hand über die Stirn, als wollte sie etwas wegwischen. Dann öffnete sie den Schrank, nahm die beste Bluse heraus und zog sie an. Bedächtig trat sie vor den Spiegel und begutachtete sich. – Was machte sie denn für ein Gesicht? – War Trotz in ihren Augen? – Pia sah rasch weg und kleidete sich weiter an. Als sie an der Flurgarderobe in ihren Mantel schlüpfte, kam Frank die Treppe herunter und stutzte bei ihrem Anblick.

„Ist denn schon Zeit, um zu deiner Arbeitskollegin zu fahren?“, fragte er und seine Fröhlichkeit von vorher war verflogen.

„Nein. Ich – ich möchte zuvor noch ein bisschen frische Luft schnappen. Das wird mir guttun“, erklärte sie.

„Ist dir was?“ Der Junge war ehrlich erschrocken.

„Nein, nein. Nur ich ...“

„Wohin gehst ...“, er wagte die Frage nicht zu vollenden.

Pia machte einen Schritt auf ihn zu und strich ihm tröstend übers Haar. „Nach dem Spaziergang gehe ich zur Bushaltestelle. – Zunächst muss ich aber ein bisschen nachdenken – gerade heute. Das gelingt mir am besten, wenn ich allein etwas an der frischen Luft bin.“

Frank nickte. Die Mutter war schon oft allein weggegangen, wenn sie mit etwas nicht klarkam.

„Also dann grüße Fischers recht schön, wenn du nachher hinübergehst. Und für dich einen schönen Tag, mein Junge." Frank sah sie mit großen Augen fragend an und sie wusste, dass er mehr von ihr hatte hören wollen. Doch sie kam nicht mehr dazu, ihm noch etwas zu sagen. Er drehte um und lief rasch davon.

Pia trödelte noch ein wenig herum, in der Hoffnung, dass Frank noch einmal zurückkommen würde. Das geschah aber nicht, und sie verließ das Haus. Langsam und nachdenklich ging sie die Straße entlang. Sie versuchte sich auf den Besuch bei Hanni einzustellen. War das bevorstehende gemeinsame Feiern nicht ein Grund zur Freude …?

Als die Bushaltestelle in Sicht kam, sah Pia zur Uhr. Sie war noch immer viel zu früh. *Jetzt wird Frank bei den Nachbarsleuten sein und mit den Kindern spielen*, überlegte sie …

Kurz bevor Pia die Haltestelle erreichte, begann es wieder zu schneien. Sie stellte sich in die geschützteste Ecke des kleinen Holzverschlages. Nicht lange und sie entdeckte an der gegenüberliegenden Wand ein Plakat in der Größe eines Briefbogens. Sie hätte ihm wohl keine Beachtung geschenkt, wenn es nicht handschriftlich angefertigt gewesen wäre. So sah sie genauer hin und las:

> Herzliche Einladung für Dich, liebe Mutti!
> Komm sofort zurück!
> In meinem Zimmer sind Blumen und alles,
> was zu einer Feier gehört, vorhanden!
>
> Dein Frank

Pia stand wie erstarrt vor dem Zettel. Sie las und las ihn immer wieder.

Als der Bus kam, wandte sie sich ab und ließ ihn weiterfahren. Dann löste sie vorsichtig das mit Klebestreifen befestigte Plakat von der Wand, faltete es zusammen und steckte es in ihre Handtasche. Während sie sich mit raschen Schritten auf den Heimweg machte, überlegte sie: *Du wirst Hanni abtelefonieren und sie für morgen zu dir einladen.*

Heute – das stand unumstößlich fest – gab es für sie nichts anderes, als mit dem Jungen ihren Geburtstag zu feiern …

Das rasche Gehen, stellte Pia nach einem guten Stück fest, strengte sie heute weniger an als sonst.

Sie schien irgendwie getragen zu werden, ihr war so leicht und froh zu Mute, wie schon lange nicht mehr.

Zuhause wurde sie schon im Flur von Frank empfangen. „Liebe Mutti, ich wünsche dir von ganzem Herzen Gottes Segen zu deinem Geburtstag!“, sagte er. Dann umarmte er sie und gab ihr einen Kuss.

Das tat Pia so wohl, dass ihr die Tränen kamen.

„So, jetzt komm mit in mein Zimmer!“, bat der Junge im Vorausgehen und öffnete weit die Tür.

Kaum war Pia über die Schwelle getreten, blieb sie erstaunt stehen. So viel gestalterisches Geschick hatte sie ihrem Frank gar nicht zugetraut. Auf dem Tisch lag eine der neuesten Decken, und vor dem wunderschönen Blumenstrauß in der Mitte verkündete ein selbstgemalter Spruch:

Verlass dich auf den Herrn von ganzem Herzen
und verlass dich nicht auf deinen Verstand;
sondern gedenke an ihn in allen deinen Wegen,
so wird er dich recht führen.
Dünke dich nicht, weise zu sein,
sondern fürchte den Herrn
und weiche vom Bösen. Sprüche 3,5–7

Nachdem Pia den Spruch gelesen hatte, legte sich ein Schatten auf ihre Züge. Der letzte Satz wollte ihr nicht schmecken. Unterstellte ihr der Junge, dass sie am Bösen hing? Das war schon ein starkes Stück, fand sie. Sie hatte ihn doch gern – sehr gerne sogar! Merkte er das nicht? Entging es ihm glatt, was sie alles für ihn tat? Offensichtlich ja, sonst hätte er sich den letzten Satz wohl erspart ...

„Frau Fischer hat mir beim Aussuchen des Spruches geholfen“, sagte Frank in ihre Überlegungen hinein.

Aha, dachte Pia vorwurfsvoll, *von daher weht der Wind. Das hätte ich ja nicht gedacht, dass sie den Jungen auf diese Weise gegen mich aufhetzt. Sie hat es also doch nicht einfach so hingenommen, dass ich ihre Einladungen in die Gemeinde bisher abgelehnt habe. Jetzt zahlt sie es mir wohl auf diese Weise heim. Jetzt bekommt der Junge eingetrichtert: Deine Mutter hängt am Bösen. Geh auf Distanz zu ihr. – Sollte das Verhalten meiner Mädchen auch auf das Konto der Fischers gehen? ...*

„Was machst du für ein Gesicht, Mutti?“, fragte Frank verwundert und traurig zugleich. Er hatte eine andere Reaktion von ihr erwartet, wo er sich solche Mühe mit dem Malen des Spruches und dem Schmücken des Tisches gegeben hatte! Merkte sie denn nicht, dass er sie gern hatte und ihr eine Freude machen wollte, wo die Schwestern schon so eigensüchtig waren?

Als Pia in das Gesicht des Jungen sah, gab es ihr einen Stich. Nein, ihn hatte sie nicht traurig machen wollen. Sie war überzeugt, dass er es gut mit ihr meinte und noch nicht überblickte, was hier in Wirklichkeit gespielt wurde. „Meine Enttäuschung hat nichts mit dir zu tun, mein Junge“, sagte sie und versuchte ihm so schonend wie nur möglich klarzumachen, was sie bewegte.

Franks Augen weiteten sich vor Erstaunen. Was erzählte die Mutter da? Nichts von dem, was sie sagte, stimmte – nicht mal ein Wörtchen! Frau Fischer hatte bei ihm noch nie etwas gegen sie gesagt. Im Gegenteil, wenn er mal über was gemurrt hatte, hatte die Nachbarin um Verständnis für sie geworben. Frau Fischer war es auch gewesen, die ihn auf den Gedanken mit dem geschmückten Geburtstagstisch gebracht hat. Nein, da irrte die Mutter – gewaltig sogar!

Frank sagte ihr das auch. Dann versuchte er ihr klarzumachen, dass die Aufforderung, sich vom Bösen abzuwenden, nicht nur ihr gelte, sondern allen Menschen. Seit dem Sündenfall sei niemand mehr in der Lage dem Willen Gottes zu entsprechen, deshalb brauche jeder den Herrn Jesus, der als Einziger auf dieser Welt so gelebt und gehandelt habe, wie es Gott gefällt. Deshalb gehe jeder auf ewig verloren, der Seine Vergebung nicht habe.

Plötzlich wurde Pia sehr nachdenklich. Sie war in diesem Augenblick ehrlich genug sich einzugestehen, dass sie nicht so gut war, wie sie die ganze Zeit versucht hatte sich einzureden. Sie wusste um vieles, was gut und richtig war, ließ davon aber nur wenig zur Tat werden! – Böser Wille war das nicht, auf keinen Fall! Sie wollte schon gut sein, brachte es aber einfach nicht zu Wege! – Ja, es stimmte, sie war schwach und brauchte einen Stärkeren, der ihr half.

Mit einem Mal begann ihr aufzugehen, was mit dem Satz gemeint war, den ihr Frau Fischer schon oft gesagt hatte: „Ich brauche den Herrn Jesus, weil ich nur in ihm gerecht und rein bin."

Nach einer längeren Pause hellten sich Pias Züge auf. Sie zog Frank an sich, drückte ihn fest und sagte: „Ich danke dir, mein Junge. Allmählich begreife ich, dass du mir mit dem Spruch, der mich zunächst geärgert hat, das schönste Geburtstagsgeschenk gemacht hast."

Jetzt konnte auch Frank sich wieder freuen.

Vergebung ist gefragt

Er war ein schlichter Mann, der alte Christlieb. Wo das Dorf eigentlich schon zu Ende war und keine Straßenlaterne mehr den Weg erhellte, wohnte er in einem kleinen Häuschen. Es war ein Erbstück, Verwandte hatten es ihm überschrieben und er freute sich darüber. Konnte er doch, nach arbeitsreichen Jahren, nun seinen Lebensabend in ihm geruhsam verbringen.

Das Häuschen war mit einer geräumigen Stube ausgestattet, die als Wohn- und Schlafzimmer genutzt wurde. Außerdem waren in ihm eine kleine Küche und eine ebensolche Abstellkammer vorhanden. Das Mobiliar des „Allzweckzimmers", wie Christlieb seine geräumige Stube nannte, bestand aus einer massiven Bettstelle in der hinteren rechten Ecke. Ihr gegenüber stand ein mächtiger Holzofen und vor dem kleinen Fenster in der vorderen Wand ein großer Tisch. Der war auf der Wandseite von zwei Bänken und an der Stubenseite von drei Stühlen umgeben.

Trotz der kärglichen Einrichtung vermittelte der Raum eine gewisse Behaglichkeit. Als Vorhänge dienten dem Christlieb die auf dem Fensterbrett stehenden Blumenstöcke. Die hohen Geranien streckten ihre lila, weißen und roten Blüten der Sonne entgegen und verbreiteten ein freundliches Licht im Raum.

Das war alles sehr angenehm, aber es machte nicht das Anheimelnde der Stube aus. Sie wäre nur ein behagliches Zimmer geblieben, wenn da nicht sein Bewohner gewesen wäre. Man brauchte nur die schwere Eichenholzhaustüre mit dem schmiedeeisernen Griff zu öffnen, und schon kam einem der alte Christlieb mit seiner herzgewinnenden Freundlichkeit entgegen. Seine unwahrscheinlich klaren, blauen Augen in dem knochigen Gesicht ließen einen fühlen, dass hier ein anderer Geist herrschte als in den meisten Häusern des Ortes. Schon nach wenigen Worten ließ der Christlieb erkennen, dass er ein treuer Nachfolger des Herrn Jesus war und Salz der Erde sein wollte. Im Nu hatte er eine Möglichkeit gefunden, um einige Körner auszustreuen, die dem Gespräch Würze und Kraft verliehen.

Ja, er verstand das Wort gut zu führen, wurde deshalb aber nicht zum Dauerredner. Sein feines Gespür sagte ihm, was wann seine Zeit hatte. So merkten seine Gäste, dass er auch über die seltene Gabe des Zuhörens verfügte. Mit wenigen Worten konnte er jedem Besucher, der sein Herz ausschüttete, zeigen: „Du bist verstanden worden. Ich habe deine Not auf mein Herz genommen. Ich werde sie vor dem Herrn ausbreiten, von dem allein Hilfe und Heilung kommen können."

Wenn es erforderlich war, wusste Christlieb seinen Gästen auch vom Worte Gottes her zu raten.

Wirklich, der alte Mann war ein begnadeter Seelsorger und in der Bibel daheim, wie kaum ein anderer im Ort. Seine Schriftkenntnis war aber nicht nur Kopfwissen, sondern sie diente ihm dazu, aus Gottes Wort Kraft und Wegweisung für das eigene Leben und zum Weitergeben zu schöpfen.

Von daher war allen im Dorf Christliebs Einstellung bekannt. Einige kamen immer wieder zu ihm, um sich von seinen Reichtümern etwas schenken zu lassen.

Die ersten Besucher bei Christlieb waren Kinder. Sie mochten das Häuschen am Ortsende schon immer. Einige sagten sogar ganz offen, dass sie gerne selbst darin wohnen würden.

Jetzt, wo das Häuschen bezogen worden war, interessierten sich die Kinder für den Mann, der es sein Eigen nennen durfte und es so schön hergerichtet hatte. Was die Kinder aber besonders freute, war, dass dieser Mann im Gegensatz zu vielen anderen Erwachsenen Zeit für sie hatte, mit ihnen sprach, sie tröstete und in ihren großen und kleinen Kümmernissen beriet.

Besonders gern hatten es die Kleinen, wenn Christlieb ihnen Geschichten vom Herrn Jesus erzählte. Es fesselte sie jedes Mal, wenn sie hörten, dass Er die Menschen liebte, ihnen gerne ihre Sünden vergab und sie in das himmlische Vaterhaus führte, wenn sie ihr Leben Ihm anvertrauten. Sie waren von Christliebs Geschichten so angetan, dass sie es weiter erzählten und noch andere Kinder mitbrachten. So wie der Christlieb vom Glauben sprach, hatte noch niemand mit ihnen darüber gesprochen. Seine Worte blieben nicht nur im Kopf hängen, sie gingen ins Herz.

Nach einiger Zeit war an verschiedenen Nachmittagen in der Woche die geräumige Stube des

Christlieb bis auf dem letzten Platz mit Kindern gefüllt.

Wieder einige Zeit später wurde Christlieb von einzelnen Erwachsenen aufgesucht. Sie hatten über ihre Kinder von ihm erfahren und wollten den Mann persönlich kennenlernen, um sicher zu sein, dass sich ihre Jungen und Mädchen nicht in die Hände eines raffinierten Verführers begaben.

Auch diese Gäste waren für Christlieb ein Acker, den es zu bestellen galt. Er ließ die Gelegenheit nicht ungenutzt verstreichen und streute bei jedem den Samen des Evangeliums aus. Bei einigen ging er schon bald auf, sie fragten ihn, ob er nicht auch ihnen die Bibel auslegen könnte.

„Uns", so versicherten sie, „ist erst jetzt aufgegangen, dass sie kein gewöhnliches Buch ist, sondern viel mit dem Sinn und Ziel unseres Lebens zu tun hat."

Darauf hatte Christlieb nur gewartet und sagte mit Freuden zu. Von da an sah man jeden Mittwochabend einige Leute zu dem kleinen Haus am Ortsrand wandern. Es wurden immer mehr, und bald war in der Stube des alten Mannes jedes Plätzchen besetzt. Vor den Versammelten saß der alte Christlieb mit seiner aufgeschlagenen Bibel am Tisch und las mit eindringlicher Stimme verschiedene Abschnitte. Dann sprach er darüber. Es waren schlichte Auslegungen, aber sie gingen „unter die Haut“, wie einige Gäste bestätigten. Er sprach eben von dem, was sein Herz erfüllte, was er in der Stille erlebt, errungen und erbetet hatte. Es war, als würde ein Vater mit seinen Kindern reden. Wie ein Vater betete er dann auch. Man spürte, dass hier die Verheißung des Herrn erfüllt war: „Wo zwei oder drei in meinem Namen versammelt sind, da bin ich in ihrer Mitte.“

Von daher gingen am Schluss – bis auf wenige Ausnahmen – alle zufrieden nach Hause. Bei den wenigen Unzufriedenen handelte es sich um Besucher, die sich nicht eingestehen wollten, dass in ihnen nichts Gutes war. Sie fanden es unter ihrer Würde zuzugeben, dass sie – so wie sie waren – vor Gott nicht bestehen konnten und in jeder Hinsicht den Herrn Jesus als Erlöser brauchten. Sie kamen meistens auch nur einmal zu Christlieb und erzählten dann unschöne Dinge über ihn.

Die meisten fühlten sich aber beschenkt und gingen anders weg, als sie gekommen waren; sie hatten Trost, Ermahnung und Wegweisung erfahren. Außerdem wussten sie, dass in der ärmlichen Stube bis in die späten Nachtstunden hinein noch für sie gebetet wurde. Christlieb tat das auch für die Unzufriedenen, die wussten das aber nicht – sie wollten es auch nicht wissen.

Dann fand wieder ein Bibelbetrachtungsabend statt, der aber ganz anders als die vielen vorausgegangenen abschloss:

Nachdem die Gäste gegangen waren, setzte sich Christlieb wie üblich an den Tisch und faltete die Hände über der aufgeschlagenen Bibel. Während der Gebetspausen vertiefte er sich in Gottes Wort. Das ging so, bis er sich nicht mehr recht konzentrieren konnte und es vorzog, sich zur Ruhe zu begeben.

Kaum hatte er die Hausschuhe von den Füßen gestreift, war ihm, als sollte er mit dem Hinlegen noch ein wenig warten. Er schlüpfte wieder in die Schuhe, ging zum Tisch, setzte sich und beugte sich über seine Bibel. Augenblicke später kam eine seltsame Unruhe über ihn. – Dann meinte er, ein dumpfes Stöhnen gehört zu haben. Sekunden später stand für ihn fest, dass er sich nicht getäuscht hatte: Es stöhnte jemand! – Nur, er konnte nicht erkennen, woher die Laute kamen …

Kurz entschlossen ging er zur Haustür, öffnete sie und horchte in die dunkle Nacht hinaus. Es hatte stark zu regnen begonnen und ein stürmischer Wind war aufgekommen, der die Äste der mächtigen Linden neben Christliebs Häuschen ächzend und knarrend hin- und herbog. Sonst hörte er in diesem Augenblick nichts und vermutete, sich doch getäuscht zu haben. Wer sollte bei diesem Wetter auch draußen herumlaufen!

Christlieb ging wieder in die Stube zurück. Doch seine Unruhe blieb. Ohne es begründen zu können, war ihm, dass er noch immer nicht schlafen gehen sollte. Er setzte sich an den Tisch und las wieder in seiner Bibel. Aber er nahm nicht auf, was er las. In seinem Gedächtnis blieb nichts hängen. Er bemerkte, dass er sich mehr auf das konzentrierte, was sich draußen abspielte, als auf das, was er vor Augen hatte …

Minuten später stand er wieder an der Haustür und lauschte angestrengt in das Dunkel und das Brausen des Windes. Da – er hörte das Stöhnen wieder. Es war näher gekommen! Christlieb konnte sogar die Richtung ausmachen, aus der es kam.

Wie er so lauschend und spähend im Türrahmen stand, riss mit einem Mal der Wind die Wolkendecke etwas auf, und er sah im fahlen Mondlicht einen Mann daherkommen. Die Kleidung des Fremden schien triefend nass zu sein, und er hatte offensichtlich Mühe, gegen den Wind anzukommen. Weil er keine Kopfbedeckung trug, hing ihm das Haar wirr und nass über die Stirn …

Christlieb erwartete, dass der Mann zu ihm kommen und um Unterschlupf bitten würde. Aber der Fremde wollte an dem Häuschen vorbei, er schien den Mann in der Haustür noch nicht einmal bemerkt zu haben. Da rief ihn Christlieb an. Erschrocken, wie aus dem Schlaf geweckt, fuhr der Fremde zusammen und blickte auf. Christlieb griff zur Taschenlampe, leuchtete dem ungewöhnlichen Wanderer ins Gesicht und sah in Augen, in denen Angst und Verzweiflung standen.

„Wo wollen Sie bei diesem Wetter hin? Haben Sie's noch weit?", fragte Christlieb.

Der Fremde blieb stehen. „Wie? – Ob ich's noch weit habe? – Es kann sein – ich weiß es nicht. – Doch – ja – doch, ich habe es noch weit – sehr weit – bis in die Ewigkeit!", sagte der Fremde geistesabwesend und strich sich die wirren Haarsträhnen aus der Stirn.

Christlieb stutzte. Mit einer solchen Antwort hatte er nicht gerechnet. Doch er fing sich bald wieder und versicherte: „Diesen Weg gehe ich auch! – Kommen Sie herein, ich möchte gerne über diesen Weg mit Ihnen sprechen."

Jetzt stutzte der Fremde. „Nein, nein, Ihr Weg ist anders!", wehrte er ab. „Ich gehöre nicht zu Ihnen, glauben Sie mir! Ich habe nichts bei Ihnen zu suchen – wirklich nicht!"

Christlieb widersprach. Für ihn stand fest, dass ihm der Fremde vom Herrn zugeführt worden war und er ihn, trotz der Gegenwehr, nicht einfach so laufen lassen durfte.

„Sie tun mir einen Gefallen, wenn Sie hereinkommen und zumindest diese Nacht bei mir bleiben", bat er deshalb. „Ich bin allein in diesem Häuschen und kann wegen meines Alters nicht mehr so hantieren, wie ich das noch gerne möchte. Und in dieser Sturmnacht kann einiges geschehen. Der Wind kann mir Ziegel vom Dach wehen. Da wäre es gut, wenn ich einen jungen Mann wie Sie als Hilfe hätte."

Der Fremde horchte auf. Wie? Er sollte helfen? Er wurde um einen Dienst gebeten? – Langsam hob er den Blick und sah in zwei väterliche Augen. – So war er schon lange nicht mehr angesehen worden. – Mit einem Menschen, der so blicken konnte, musste sich gut zusammenleben lassen.

Plötzlich zog es ihn mit Gewalt zu diesem alten Mann hin. Er gab seinen Widerstand auf und folgte Christlieb ins Haus.

Hier bekam der Fremde einen Platz am warmen Ofen angeboten und Christlieb meinte: „Sie können Ihre Kleider trocknen; und ich werde Ihnen einen heißen Tee machen. Der wird Ihnen bestimmt gut tun."

Der junge Mann folgte seinem Gastgeber wie ein Kind. Es war angenehm hier drinnen. Die Wärme tat ihm wohl nach den sturmgepeitschten Regenschauern ...

Währenddessen hantierte Christlieb eifrig an seinem Vorratsschrank. Er machte seinem Gast nicht nur einen Tee, sondern trug ihm ein ganzes Abendbrot auf den Tisch. – „So, jetzt lassen Sie es sich schmecken", sagte er dann.

Der Fremde zierte sich nicht und griff gierig zu. Christlieb hatte den Eindruck, dass er das Brot nur halb gekaut hinunterschlang. Offensichtlich hatte er schon lange nichts mehr gegessen.

Christlieb holte sich einen Stuhl und setzte sich dem Gast gegenüber an den Tisch. Seine Gedanken beschäftigten sich mit dem jungen Mann und er wunderte sich nun, dass er nicht einen Augenblick lang gezögert hatte, diesen wildfremden, unheimlich wirkenden Menschen in sein Haus zu lassen. Hing das damit zusammen, dass er seinetwegen nicht hatte zu Bett gehen dürfen ...?

Behutsam versuchte Christlieb noch einmal nach dem Woher und Wohin des Fremden zu fragen. Wieder erfuhr er nicht viel. Der Mann war und blieb sehr wortkarg. Dennoch hörte Christlieb aus den wenigen Worten, dass seinem Gast in der Vergangenheit Wunden geschlagen wurden, die bei der leisesten Berührung schmerzten. Deshalb stellte er keine Fragen mehr. Er sprach nur noch darüber, wie er seinen Gast für die Nacht unterzubringen gedachte.

„In der Abstellkammer habe ich noch eine Bettstelle. Wenn Sie mir helfen diese hier aufzuschlagen, haben Sie ein gutes und warmes Nachtlager“, erklärte Christlieb. „Sie sind dann morgen früh gestärkt und können Ihren Weg fortsetzen. – Wenn Sie aber länger bleiben möchten, ist mir das auch Recht. Ich habe am Haus und im Garten einiges zu tun, für das junge Männerhände gebraucht werden.“

Der Mann nickte schwach.

Christlieb wartete, bis er die Mahlzeit beendet hatte. „So“, sagte er dann, „jetzt können wir das Bett aufstellen.“

Der Fremde nickte wieder und ging dem Hausherrn geschickt zur Hand. Jetzt, wo er sich die inzwischen getrockneten Haare aus dem Gesicht gekämmt hatte, sah Christlieb, dass sich der irre, angstvolle Gesichtsausdruck des jungen Mannes entspannt und angenehme Züge hatte.

Als das Bett aufgestellt war, sagte Christlieb, dass er noch eine kurze Andacht halten möchte. Ohne eine solche gehe er nie zu Bett. Der Fremde zeigte keine Reaktion, und Christlieb schlug das 15. Kapitel des Evangeliums nach Lukas auf. Mit eindrucksvoller Stimme las er Vers für Vers die Geschichte von der Treue des guten Hirten. Als er den siebten Vers gelesen hatte, der von der großen Freude im Himmel über den einen Sünder, der Buße tut, spricht, stöhnte der junge Mann plötzlich laut auf …

Christlieb unterbrach sich. Der Ausbruch seines Gegenüber klang wie das unheimliche Stöhnen, das ihm vorher der Wind zugetragen hatte …

„Buße!“, seufzte der Fremde tief. „Buße! Wie soll man Buße tun, wenn die anderen auch gesündigt, einen erst noch in die Sünde getrieben haben, dafür aber keine Buße tun?“

Der junge Mann sank in sich zusammen, wirkte um Jahre älter, und in sein Gesicht trat wieder der irre Ausdruck.

Dieser Wandel kam so plötzlich, dass der alte Christlieb erschrak. „Wir müssen immer zuerst auf die eigenen Sünden sehen, bevor wir auf die der anderen blicken“, sagte er leise. „Wir sind zunächst einmal für die eigenen Sünden verantwortlich.“

Der Fremde gab darauf keine Antwort.

Christlieb beobachtete ihn aufmerksam und kam zu dem Schluss, dass er ihn noch nicht zum Sprechen bewegen konnte. Vielleicht lüftete sich morgen der Schleier über dem Geheimnis seines Gastes.

„Wir sollten nun zu Bett gehen“, schlug der Hausherr vor und fuhr fort: „Aber bevor wir das tun, möchte ich uns noch dem Herrn anbefehlen.“

Der Fremde wusste sofort, was damit gemeint war, und faltete seine Hände. Als Christlieb das Gebet beendet hatte, sagte er: „Nun wünsche ich Ihnen eine Nacht unter Gottes Segen. Schlafen Sie so, als hätte Ihnen Ihre Mutter das Bett gerichtet.“

Der junge Mann zuckte, als sei ihm ein Schlag versetzt worden, und hart kam es über seine Lippen: „Meine Mutter! – Ich hab keine Mutter mehr! – Sie wird mir niemals mehr das Bett richten!“

Christlieb zuckte erneut zusammen. Zum Einen hatte er mit einer solchen Reaktion nicht gerechnet, und zum Anderen hatte er eine so abgrundtiefe Verzweiflung bisher noch selten bei einem Menschen gesehen. Augenblicklich ging ihm auf, dass jetzt die Stunde gekommen war, in der er seinen Dienst an diesem Menschen zu tun hatte. Dafür erbat er sich im Stillen Weisheit und Kraft.

„Wann ist Ihre Mutter gestorben? – Ist das schon lange her?“, fragte Christlieb mitfühlend. Er wusste aus eigener Erfahrung, dass man viel entbehrte, wenn man die Mutter schon in jungen Jahren verlor.

„Gestorben ... gestorben ist sie nicht ... sie ist noch nicht im Grab ... aber für mich ist sie gestorben ...“, stieß der Fremde hervor und sank noch mehr in sich zusammen.

Christlieb machte eine Pause. Erbarmen stieg in ihm auf. Er ahnte, dass er unbewusst eine tiefe, schmerzhafte Wunde im Leben seines Gastes berührt hatte. Irgendwie fürchtete er sich plötzlich davor, weitere Fragen zu stellen, und saß still da. Innerlich aber schrie er zu Gott um Weisung für sein weiteres Vorgehen ...

So verging eine ganze Weile. Außer dem Heulen des Windes, der nach wie vor heftig um das Haus fuhr, war kein Laut zu hören. Mit einem Mal hob der junge Mann den Kopf und erklärte zögernd: „Sie – Sie können ruhig weiter fragen ... Ich – ich werde Ihnen nicht verschweigen, welchen Weg ich gehen wollte ... Ich ... Wirklich, ich weiß nicht, was mit Ihnen ist … Sie – Sie sind so … Ich fühle, dass ich mein Herz vor Ihnen ausschütten muss …“

Christlieb schwieg und wartete. Doch der junge Mann schwieg auch. Er schwieg so lange, dass Christlieb schon meinte, er könnte sich doch nicht zur Preisgabe seines Geheimnisses entschließen.

„Ich – ich bin ein Bauernsohn, – das einzige Kind“, presste der Gast schließlich hervor und man merkte jetzt, dass er hart mit sich gerungen hatte: „Wir haben einen großen Hof. – Ich – ich wollte auch eine Familie haben, gerne sogar. – Aber ich fand lange Zeit kein Mädchen, das meine Frau werden wollte. Als ich schließlich mit einem zusammen war – ich hatte es sehr gerne –, stellten sich die Eltern dagegen. Ihrer Ansicht nach war es nichts für mich, kam aus zu geringen Verhältnissen.

Weil die Eltern nicht nachgaben und das Mädchen mit den übelsten Schimpfworten bedachten, ging ich von zuhause weg. Meinetwegen sollte der Vater seinen Hof verschenken, ich wollte ihn nicht mehr haben. Ich suchte mir eine Arbeit, um das Mädchen als meine Frau zu mir nehmen zu können.

Als ich eine Zeit weg war, erhielt ich komische Briefe von ihr. Ich beteuerte immer wieder, dass sich an meiner Einstellung ihr gegenüber nichts geändert habe und ihr Zweifeln an meiner Aufrichtigkeit völlig unbegründet sei. Doch nach weiteren Monaten wurden meine Briefe nicht mehr beantwortet.

Ich wandte mich an einen Bekannten und erfuhr von ihm, dass das Mädchen einen anderen geheiratet habe. Als Begründung für ihren Schritt nannte er die von meinen Eltern verbreitete Nachricht, dass ich mir in der Stadt eine neue Freundin zugelegt hätte.

Ich konnte und wollte das nicht glauben und ging vor einigen Tagen wieder nach Hause. Doch ich erfuhr, dass die Mitteilung des Bekannten in allen Punkten stimmte ... Verstehen Sie nun, dass ich keine Mutter und keinen Vater mehr habe, obwohl sie noch nicht gestorben sind?“

Christlieb erkannte in den Augen seines Gastes den Ausdruck abgrundtiefer Not, die ihm ans Herz rührte. Mit einem Mal verschränkte der junge Mann die Arme auf dem Tisch, legte seinen Kopf darauf und schluchzte tief.

So saßen sie sich lange gegenüber und sprachen kein Wort. Schließlich räusperte sich Christlieb und fragte bedächtig: „Wo wollten Sie denn hin, als ich vorher aus der Tür trat?“

Der junge Mann hob langsam den Kopf und sah den Hausherrn mit eigenartigem, abwesendem Blick an. – „Wo ich hin wollte ...?“, wiederholte er gedehnt und es schien, als müsste er nachdenken, um sich an sein Ziel zu erinnern. – Dann war es, als würde er mit einem Entschluss kämpfen. – Plötzlich griff er in seine Tasche und zögerte einen Augenblick. Schließlich kramte er einen Strick hervor und reichte ihn Christlieb mit einer raschen Bewegung – so als könnte er sich gar nicht schnell genug davon trennen.

„Dahin wollte ich. – Dort an den Waldrand, zum erstbesten Baum", sagte der Fremde mit tonloser Stimme. „Die auf dem Hof sollten mit der Schande leben, dass sie ihren einzigen Sohn in den Tod getrieben hatten, und für mich wäre es aus gewesen mit der Qual."

Christlieb griff nach dem Strick. Seine Hand zitterte, als er ihn neben sich legte.

„Damit wären Sie zwar in der Ewigkeit gewesen, aber nicht an dem Ort, an dem es keine Qual mehr gibt. – Danken Sie Gott, dass Er Sie noch zur rechten Zeit hierher gebracht hat", sagte der alte Mann.

Danach herrschte wieder Schweigen.

„Wie kam es, dass Sie um diese Zeit in der Tür standen?", fragte nach geraumer Zeit der junge Mann.

„Menschlich gesehen gibt es keine Erklärung dafür. Für mich steht aber fest, dass mich Gott zur

Haustür getrieben hat. Ich konnte einfach nicht zu Bett gehen. Immer wieder war mir, als hätte der Herr in diesen Stunden noch einen Auftrag für mich“, erklärte Christlieb.

„Einen Auftrag von Gott ...?“, wiederholte der Gast gedankenverloren. „Sollte Gott noch an mich denken ...?“

„Da können Sie sicher sein – ganz sicher –, dass Er das tut“, sagte Christlieb mit froher Zuversicht in der Stimme. „Er denkt an Sie, wie der gute Hirte an das verlorene Schäflein. Sie wissen doch: Er hörte nicht auf zu suchen, bis er es gefunden hatte.“

Der junge Mann wurde nachdenklich. „So muss es sein – genau so!“, sagte er mit einem Mal. „Es ist nämlich komisch: Seit ich Ihnen begegnet bin, schäme ich mich, dass ich diesen Weg – Sie wissen schon – gehen wollte.“

Christlieb streckte ihm die Hand entgegen. In seinem Gesicht war ein so helles Leuchten, dass es trotz der Falten und Runzeln fast schön erschien. „Mir ist, als würde bald im Himmel die Freude angestimmt, von der wir eben gelesen haben“, sagte er und in seiner Stimme lag ein leises Zittern.

Plötzlich begann der junge Mann zu weinen. Er ergriff die ihm entgegengestreckte Hand und stieß hervor: „Vater, ... Vater, ... mir ist, als wüsste ich erst jetzt, wie es ist einen Vater zu haben." – Leise, mit gesenktem Kopf fügte er hinzu: „Wollen Sie mein Vater, und darf ich Ihr Sohn sein?"

„Ja", sagte der alte Christlieb, und in seinen Augen stand ein helles Leuchten. „Ja, ich will das sein, so lange bis du dein Leben dem Herrn Jesus anbefohlen hast und auch über deine Eltern Freude im Himmel herrscht, bis ihr wieder zusammengefunden habt. Dann ist mein Auftrag in dieser Sache beendet."

Einige Zeit später gingen beide zu Bett und schliefen getrost dem Morgen entgegen.

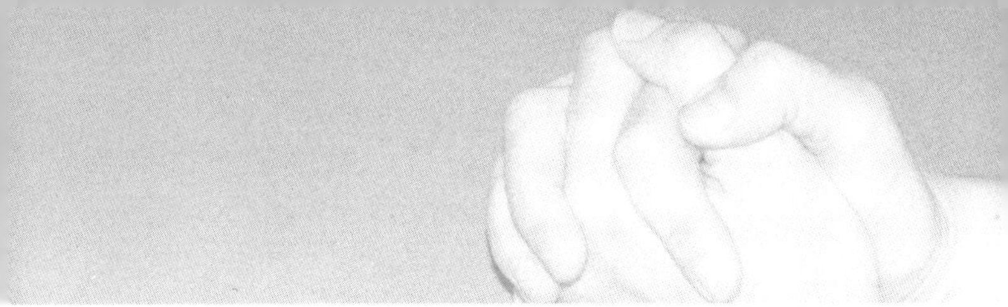

Gott hilft, geht's auch durch Leiden

Sigi arbeitete schon einige Jahre als Lithograf in einer großen Druckerei und bereitete Bilder für den Druck vor.

Die Arbeit machte ihm Spaß, und mit dem Lohn war er zufrieden. Das Verhältnis zu verschiedenen Arbeitskollegen ließ allerdings zu wünschen übrig, zumindest seit etwa einem Jahr.

Wenn der schlanke und hochgewachsene Sigi zwischen den Tischen in der Kantine entlangging, sah mancher hinter ihm her, weil er sich enorm verändert hatte. Er nahm sein Arbeiten und Reden so genau. Doch wer in seine freundlich blickenden Augen sah, konnte ihm nicht böse sein, auch wenn er das Unrecht beim Namen nannte.

Weshalb er so anders geworden war, wusste eigentlich niemand. Er stammte, wie die meisten im Betrieb, aus einem gutbürgerlichen Elternhaus und hatte eine fundierte Ausbildung erhalten. Die Grundsätze der Eltern waren auch die seinen. So teilte er mit ihnen auch die starken Zweifel am christlichen Glauben. Zur Bekräftigung ihres Standpunktes brachten seine Eltern oft das Argument, dass an dem Glauben nichts dran sein könnte, weil es in der „christlichen Welt“ so viel Betrug und Ungerechtigkeit gebe. Dieses Argument – wie hätte es anders sein können – benutzte natürlich auch Sigi; und er fand Freunde genug, die seine Ansicht teilten. Mehr noch, die bereit waren, mit ihm zusammen die Missstände zu ändern. Ihrer Ansicht nach bestand das Grundübel in allem Herkömmlichen. Folglich begannen sie an allem zu rütteln, was früher Gültigkeit hatte. Am Ende verwarfen sie es sogar.

Doch zu seiner Enttäuschung musste Sigi nach geraumer Zeit feststellen, dass er durch sein Vorgehen nicht zufriedener wurde. Er kam sich vor wie ein Gärtner, der ständig nur Sachen ausreißt, an ihre Stelle aber nichts Neues zu pflanzen weiß.

Einem Großteil seiner Freunde erging es ebenso, und in seiner Not machte er mit, als seine Kumpel im Rauschgift Vergessen suchten. Aber schon bald erkannte Sigi, dass dies seinen völligen Ruin bedeuten würde, und er suchte anderswo Hilfe. Die, so meinte er nun, in den östlichen Religionen zu finden sei. Fortan sah man ihn täglich intensiv meditieren. Die erhoffte Erfüllung fand Sigi aber auch hierdurch nicht. Alle schönen Gefühle und Stimmungen, in die er sich brachte, hielten nicht lange vor. Er fand heraus, dass er nicht weiter kam, sich früher oder später wieder am Ausgangspunkt befand.

Gerade in den schwierigen Lebenslagen, wenn es darauf ankam, halfen ihm diese Religionen nicht. Er kam sich vor wie einer, der sich beim Sturz in den Keller schweren Schaden zugezogen hatte. Die Religionsstifter aber blieben oben an der Treppe stehen und riefen ihm gute Ratschläge zu, wie er wieder nach oben gelangen könne. Doch ihr Rat verpuffte, wegen des erlittenen Schadens konnte er sich nicht erheben. Er hätte jemand gebraucht, der zu ihm herabgestiegen wäre und ihn nach oben getragen hätte. Diese Leistung vollbrachten die Religionsstifter aber nicht ...

In jener Zeit lernte Sigi einen jungen Mann kennen, bei dem Worte und Taten aus einem Guss waren. Er versuchte ihm klarzumachen, dass zwischen seiner Not und seiner Schuld ein Zusammenhang bestehe. Sigi war jetzt ehrlich genug, sich einzugestehen, dass der junge Mann Recht hatte, und gab das auch offen zu.

„Das muss aber nicht so bleiben“, sagte ihm der junge Mann. „Für das Problem der Schuld gibt es eine Lösung.“

Sigi horchte auf und der junge Mann schob nach: „Sie heißt Jesus Christus.“

Damit stand Sigi an dem Punkt, den er mit seinen Eltern entschieden abgelehnt hatte, der wie ein rotes Tuch auf ihn gewirkt hatte. Eine gewisse Abneigung war auch jetzt noch vorhanden, aber er ließ sich von dem jungen Mann zu den Gemeindeveranstaltungen einladen. In ihnen wurde er mit der biblisch begründeten Botschaft vom Kreuz des Herrn Jesus bekannt gemacht. Allen Stimmen zum Trotz, die ihm von einem konsequenten Glauben abrieten, ging er weiter in die Gemeinde. Nicht lange und er erkannte die Notwendigkeit der Erlösung durch den stellvertretenden Tod des Herrn. Jetzt bekannte Sigi seine Schuld, befahl sein Leben dem Heiland an und erlebte das Wunder der Vergebung.

Plötzlich war ihm, als sei er aus dem Dunkel ins Licht getreten. Nicht lange und ihm ging auf, dass die ihn überkommende Freude eine verpflichtende Freude war. Er, Sigi, musste sich von ihr in Pflicht nehmen lassen und tat es auch. Von da an – wenn sich die Gelegenheit dazu bot – sagte er jedem: „Auch deine Schuld ist lösbar. Komm zu dem Herrn Jesus Christus."

Diese Wandlung hatte natürlich auch Auswirkungen auf sein Berufsleben. Er sah nun vieles im Betrieb mit anderen Augen. Es ging ihm nicht mehr nur ums Geldverdienen, sondern er wollte auch hier Zeugnis für den Herrn sein, der ihn erlöst hatte. Ein wesentlicher Teil seines Zeugnisses war sein Fleiß und seine Gewissenhaftigkeit. Sie führten dazu, dass die Vorgesetzten vollauf zufrieden mit ihm waren.

Das ging lange Zeit so. Dann wurden ihm pornografische Bilder vorgelegt, die er für den Druck vorbereiten sollte. Sigi zuckte bei diesem Auftrag zusammen. – War das ein Versehen, oder war der Betrieb, der bisher seine Aufgabe in der Verbreitung von guter Literatur sah, nun dabei sein Niveau zu senken?

Sigi redete nicht hintenherum, sondern fragte bei der Betriebsleitung nach. Ihm wurde eine verschwommene Auskunft gegeben. Ihr konnte er aber entnehmen, dass jetzt alles gedruckt werde, was Geld bringe.

Jetzt sprach er auch mit den Arbeitskollegen darüber, die scheinbar keine Probleme mit diesen Aufträgen hatten.

„Vielleicht“, so dachte er, „haben sie sich noch keine Gedanken darüber gemacht, wie vergiftend diese Bilder auf die Phantasie wirken können.“

Doch die Reaktionen auf sein Reden machten ihn traurig. Die meisten Kollegen verhielten sich gleichgültig.

„Die Zeiten haben sich eben geändert. Das ist nun einmal so“, sagten sie.

Andere brachten Verständnis für solche Veröffentlichungen auf und wieder andere verteidigten sie sogar leidenschaftlich.

„Sigi“, sagte ihm einer, „ich hätte nicht gedacht, dass du so rückständig bist. Schau doch mal, jede Illustrierte muss mindestens zehn Prozent Sex enthalten, sonst kauft sie keiner mehr. Sieh dir die Kinos an, was da für Filme laufen! – Also, du läufst einem längst überholten Standpunkt nach!“

„Ich bin da anderer Meinung“, widersprach Sigi. „Mein Standpunkt orientiert sich an Gottes Wort, das sich nicht verändert. Es ist keiner Mode und keiner Zeitgeistströmung unterworfen, die heute dies und morgen jenes verkünden. – Mich wundert echt, dass sich der Verlag kein Gewissen daraus macht, so etwas herauszugeben.“

„Gewissen, Sigi!“, lachte der Kollege. „Das Gewissen ist etwas Anerzogenes. Davon musst du dich trennen, es in Zukunft aber zumindest an der Garderobe abgeben, wenn du dieses Haus betrittst … Auch hier regiert letztlich das Geld …“

An diesem Abend ging Sigi bedrückt nach Hause. – Vom westlichen Horizont her zogen dunkle Wolken über das Firmament, unter denen die Sonne ihre Strahlen nur noch verstohlen auf die Dächer und Bäume schicken konnte. Dieser Anblick vermittelte Sigi den Eindruck, dass sich auch über ihm etwas Dunkles, Feindliches zusammenbraute. – War das der Kampf, der dem Christen verordnet ist? – Sigi hatte schon einiges darüber gehört, praktisch konnte er es sich aber nicht vorstellen …

Was sollte er tun, wenn man ihm morgen die Bilder zur Bearbeitung in die Hand drückte? – Gab es eine Möglichkeit diesem Kampf auszuweichen? – Sigi überlegte, dass die Verantwortung für das, was gedruckt wurde, letzten Endes nicht er zu tragen hatte, sondern die Verlagsleitung. Trotzdem kam er über diesem Gedanken nicht zur Ruhe. – Nach einer Weile wusste er auch weshalb. Diese Auffassung stand nicht im Einklang mit Gottes Wort. Er erkannte, dass die Leute in der Verlagsleitung nicht die gleiche Sicht haben konnten wie er. Um die zu erhalten, musste man sich mit Gottes Wort beschäftigen und es befolgen; sonst erfuhr man nichts von der Kraft, die dieses Wort enthält, sonst hielt man die Bibel für alles andere, nur nicht für die Offenbarung von Gottes Willen ...

„Erst mit der persönlichen Erkenntnis wächst die Verantwortung", sagte sich Sigi mit einem Mal und wusste, dass er die Sache mit den schmutzigen Bildern nicht allein der Verlagsleitung zuschieben konnte. Auch er war hier gefragt. Und – musste er diesen Auftrag nicht ablehnen?

Ja, seines Erachtens gab es keine andere Lösung. Mit der Hilfe des Herrn konnte er es auch wagen, Nein zur Sünde zu sagen. Sünde! Waren diese Bilder Sünde? – Ja, er konnte nichts anderes in diesen Bildern sehen, mochten die Arbeitskollegen reden, was sie wollten. Diese Bilder stifteten zu nichts anderem als schäbigen Handlungen an. Sie beflügelten die Phantasie in eine bestimmte Richtung; und der Herr Jesus sagt in der so genannten Bergpredigt: „Wer eine Frau ansieht, ihrer zu begehren, der hat schon mit ihr die Ehe gebrochen in seinem Herzen ..."

Nein, Sigi war kein Fantast, er wusste, was auf ihn zukommen würde, wenn er zu seiner Überzeugung stand. Er würde nicht nur anecken, sondern unter Umständen auch seine Arbeit verlieren. Wollte und konnte er das riskieren, wo er daran dachte, in absehbarer Zeit zu heiraten?

Sigis Bedrückung wuchs sich zur Unruhe aus. Er wollte seinem Herrn gehorsam sein, dennoch waren auch andere Überlegungen da. Um sich Klarheit zu verschaffen, ging er ins Gebet. In der stillen Zwiesprache mit dem Herrn erhielt er die Kraft, seine beruflichen Belange als zweitrangig ansehen zu können, und wurde wieder ruhig. Dann ging er zu seiner Braut und besprach die Lage mit ihr. Wie erwartet, war sie in dieser Beziehung mit ihm eins.

„Man muss Gott mehr gehorchen als den Menschen", sagte sie.

Wie erwartet, bekam Sigi am nächsten Morgen die Pornobilder mit der Bitte um Bearbeitung vorgelegt. Er schickte im Stillen ein kurzes Stoßgebet zum Herrn und erklärte dem Vorgesetzten, der ihm die Bilder überreichte, dass er diese Arbeit nicht machen könnte.

Der Gruppenleiter machte ein erstauntes Gesicht und entgegnete: „Du kannst schon, aber du willst nicht, wenn ich das recht sehe."

„Ja, das stimmt", gab Sigi zu.

„Und warum willst du nicht?"

„Ich bin Christ. – Diese Bilder verstoßen gegen den Willen meines Herrn. – Ich fühle mich im Gewissen gebunden. Ich will und kann diese Arbeit nicht tun", stieß Sigi hervor und war auf die Reaktion des Vorgesetzten gespannt.

„Du bist der Erste, der das sagt ..."

„Leider ...", unterbrach Sigi.

Er kam aber nicht weiter. Der Vorgesetzte begann zu lachen. „Das hat dir so ein Frommschwätzer eingeblasen, wie? – Aber warte nur, der Fortschritt wird mit eurem antiquierten Kram aufräumen ..."

„Mir hat das kein ...", versuchte Sigi sich zu erklären.

Aber der Gruppenleiter hörte ihn nicht an. Er wandte sich von ihm ab und gab die Bilder einem anderen. Sigi atmete erleichtert auf, dass er von dieser Arbeit befreit war. Seine Weigerung hatte natürlich Aufsehen erregt und er arbeitete mit doppeltem Eifer, damit ihm niemand nachsagen konnte, er wäre ein Faulenzer oder verstehe nichts von seinem Fach.

Trotzdem war es nicht mehr so wie vorher. Die Kollegen verhielten sich ihm gegenüber anders. Nur wenn es vom Arbeitsablauf her unumgänglich war, wurde er in ein längeres Gespräch verwickelt. Sonst bekam er nur im Vorübergehen Bemerkungen zugerufen.

„Du hast aber Courage …", meinte einer.

„Ein Kampf gegen Windmühlenflügel …", urteilte ein Zweiter.

„So was Verklemmtes …", zischte ein Dritter.

Schon bald hatte es sich bis zum Planungsbüro durchgesprochen, dass Sigi Feldkamp keine „Pornos" bearbeitete, und er bekam auch keine mehr zugeteilt. Damit hatte er den Kampf aber noch nicht gewonnen. Im Gegenteil, erst jetzt begann er richtig.

In den folgenden Tagen erhielt er Bilder für eine Alkoholwerbung. Wenn er konsequent sein wollte, musste er auch dazu ein Nein sagen. Wie viel Not wurde, gerade im Straßenverkehr, durch den Genuss von Alkohol verursacht! So erklärte er dem Gruppenleiter während eines Gesprächs, dass er auch diese Bilder nicht bearbeiten könnte.

„Du entwickelst dich wohl zu einem wunderlichen Heiligen, wie …?", knurrte der und gab die Bilder einem anderen.

Sigi errötete etwas. Er merkte, dass er sich hier allmählich unmöglich machte, und überprüfte nochmals seinen Standpunkt. Aber er kam wieder zu dem Schluss, dass er sich im Einklang mit Gottes

Wort befand und nicht zurückgehen konnte. Trotzdem litt er darunter. Im Grunde genommen mochte er diese Auseinandersetzungen nicht. Am liebsten hätte er seine Ruhe gehabt. Jeden Tag betete er um Kraft und Freudigkeit, dass er stehen und seine Arbeit tun konnte. Doch wenn er an dem Pförtnerhäuschen vorbeischritt und die großen Betriebsräume vor sich hatte, kam er sich so klein vor und musste sich immer wieder ins Gedächtnis rufen, dass er nicht allein war, sondern den Herrn auf seiner Seite hatte, dessen Kraft in den Schwachen mächtig ist.

Die Sache spitzte sich weiter zu und wurde kritisch, als Sigi einen Ferienkatalog zur Bearbeitung erhielt. Die Originalbilder zeigten einen verschmutzten Strand unter einem düsteren Himmel. Nun war es üblich, dass die Bilder geklärt, etwas freundlicher gestaltet wurden. Hier reichte eine Klärung aber nicht aus, da musste schon kräftig nachgeholfen werden, sodass am Schluss eine glatte Fälschung vorlag. Der Himmel sollte im schönsten Blau erstrahlen und der Strand verlockend wirken, zum Baden einladen.

Von daher bereitete Sigi auch dieser Auftrag erhebliches Unbehagen. Trotzdem machte er sich an die Arbeit. Nach einer gewissen Zeit kam ein Kollege aus einer Nachbarabteilung vorbei und blickte Minuten lang auf den Katalog. Dann nickte er vielsagend und meinte: „So, so, Pornos machst du nicht. Aber was ist denn das mit dem Katalog hier? – Das kannst du machen? – Entsprechen diese Bilder noch der Wahrheit?"

Sigi gab es einen Stich. Er sah den Kollegen und dann wieder den Katalog an. „Naja", entgegnete er, „ab und zu wird der Himmel dort schon blau sein. Aber das mit dem Strand, das ist auch mir nicht geheuer ..."

Der Kollege grinste verletzend und ging. Sigi legte den Katalog beiseite und wandte sich einer anderen Arbeit zu. Den Katalog rührte er auch in den folgenden Tagen nicht mehr an. Aber in seinen Gebeten beschäftigte er sich oft damit.

So kam der Freitagnachmittag heran. Zwei Stunden vor Feierabend kam der Gruppenleiter mit einem Bild zu Sigi, zeigte auf den Katalog und erklärte: „Dieses Bild ist auch noch dafür. Lass jetzt die andere Arbeit liegen. Der Katalog ist sehr eilig, er muss noch vor Feierabend fertigwerden ..."

Ohne auf eine Antwort zu warten, drehte er um und ging weg. Sigi stand erschrocken da. Er wusste, dass jetzt der Höhepunkt des Kampfes erreicht war. Was sollte er tun? – Sollte er den Auftrag ausführen oder nicht? – Er wurde durch Höhen und Tiefen gerissen, litt unter furchtbaren Gewissensqualen! –

„Herr Jesus hilf mir! Ich weiß nicht mehr, was ich tun soll!“, schrie er im Stillen.

Sigi hatte es sich zur Gewohnheit gemacht, ständig eine Taschenbibel bei sich zu haben. Die holte er jetzt hervor, blätterte darin und las an verschiedenen Stellen. Nein, er war nicht der Meinung, dass man sie wie einen Computer benutzen konnte, die Fragen eingab und dann im Nu die richtigen Antworten erhielt. Er wusste, dass Gott seine Kinder durch sein Wort und durch den Heiligen Geist, der das Wort lebendig macht, leitet. Er flehte deshalb leise: „Herr, ich brauche jetzt eine Antwort! Gib sie mir! Ich muss jetzt wissen, was ich tun soll!“

Nach einigem Blättern kam er zur Offenbarung und blieb am 17. Vers des zweiten Kapitels hängen. „Wer überwindet, dem will ich zu essen geben von dem verborgenen Manna und will ihm geben einen weißen Stein und auf dem Stein einen neuen Namen geschrieben …“

Sigi wusste, dass der weiße Stein ein Zeichen des Freispruchs war, und er war sicher, dass ihn der Herr von Zweifeln und Selbstanklagen frei sprach. Aber dieser Freispruch war an die Bedingung des Überwindens geknüpft. – „Herr, wenn Du mich von den Selbstanklagen freisprichst, dann ist es in Ordnung, dass ich auch diesen Auftrag nicht ausführe. Mit Deiner Hilfe werde und will ich auch überwinden", sagte sich Sigi.

Eine Weile später hatte er den Mut, zum Gruppenleiter zu gehen. „Mir ist klar geworden, dass ich diesen Auftrag auch nicht ausführen kann. Das mit den Bildern ist Betrug. Ich muss mich davon distanzieren", sagte er.

Der Gruppenleiter lief rot an. „Die Verantwortung trägst du doch nicht!", fauchte er.

„Aber ich bin Christ. Ich kann keine Unwahrheiten verbreiten, auch nicht zu ihrer Verbreitung beitragen", hielt Sigi dagegen.

„Wenn du die Pornos nicht machen willst, das verstehe ich. Aber diesen Katalog hier …" Der Gruppenleiter brach ab und rannte davon. Sigi ahnte, dass er den Abteilungsleiter aufsuchen würde, und ging an seinen Arbeitsplatz zurück.

Etwa eine halbe Stunde später erschien der Abteilungsleiter im Türrahmen und sagte kurz: „Sigi, ich muss dich sprechen …"

Kurz danach saßen sich beide im Büro gegenüber. Zwischen ihnen stand ein großer Eichentisch. Die bequemen Sessel und die kostbaren Vorhänge vermittelten dem Raum eine gewisse Behaglichkeit.

Die Bilder an den Wänden zeigten moderne Kunst. Sigi sah sich kurz um und hatte das Empfinden, dass hier hinter allem der Herrscher namens Mammon stand und ihm sich alles unterzuordnen hatte.

Der Abteilungsleiter kannte Sigi von seiner früheren Tätigkeit her und begann deshalb in freundlichem Ton: „Was ist denn eigentlich los? Ich versteh dich gar nicht mehr. Du warst doch früher nicht so."

„Das stimmt", gab Sigi zu und erklärte, weshalb sich bei ihm alles geändert hatte. Dabei bekam der Vorgesetzte die Geschichte seiner Bekehrung zu hören. „In erster Linie bin ich nun dem Herrn für mein Handeln verantwortlich und nicht mehr den Menschen", betonte Sigi zum Schluss. „Deshalb kann ich weder die Pornos noch den Katalog machen. Porno ist Ehebruch, und der Katalog gibt nicht die Wirklichkeit wieder, er ist eine Lüge."

Sigi beobachtete, dass bei dem Vorgesetzten die Falten zwischen den Brauen tiefer wurden. Gleichzeitig verdüsterte sich sein Blick.

Im selben Moment machte Sigi eine wunderbare Erfahrung. Während ihm in der Vergangenheit solche Situationen Furcht eingeflößt hatten, fühlte er sich jetzt von einer unsichtbaren, schützenden Mauer umgeben. Er verlor alle Hemmungen und konnte frei die göttliche Wahrheit bezeugen. Sein Gegenüber wurde immer ruhiger und hatte nach einer Weile nichts mehr zu erwidern. Sigi hatte den Eindruck, dass der Abteilungsleiter betroffen war, und meinte, dass bei ihm ein Umdenken in Gang gekommen sei ...

„Dann sind wir ja alle Verbrecher!“, sagte der Vorgesetzte plötzlich, stand auf und begann hin und her zu gehen. Während seiner Wanderung versuchte er Sigi klar zu machen, dass er ein angesehener Mann mit weißer Weste sei. Er verwies auf seine regelmäßigen Gottesdienstbesuche, darauf, dass er gewisse Spenden für gute Zwecke gebe und auf das Wohl der Firma bedacht sei.

Ohne auf die Verteidigungsrede des Vorgesetzten einzugehen, erklärte Sigi: „Ja, das stimmt. Gottes Wort sagt, dass jeder Mensch ein Sünder ist.“

Der Abteilungsleiter sah Sigi scharf an und gab ihm zu verstehen, dass er sich seinen sauberen Standpunkt von einem Untergebenen nicht ins Wanken bringen lassen wollte.

In diesem Augenblick schlug die Uhr fünf. Es war Feierabend.

„Wir müssen noch weiter darüber reden“, meinte der Vorgesetzte und reichte Sigi zum Abschied die Hand.

Nach dem Gottesdienst am folgenden Sonntag ging Sigi auf sein Zimmer und las noch einmal den Text aus dem Propheten Hesekiel im 12. Kapitel, über den der Verkündiger heute gesprochen hatte: „Du Menschenkind, du wohnst unter einem ungehorsamen Haus, welches hat wohl Augen, dass sie sehen könnten, und wollen nicht sehen ... Darum, du Menschenkind, nimm dein Wandergerät und zieh am lichten Tage davon vor ihren Augen. ... ob sie vielleicht merken wollten, dass sie ein ungehorsames Haus sind.“

Sigi sah auf und nachdenklich zum Fenster hinaus. – *Was will Gott mir durch dieses Wort sagen?*, fragte er sich. *Läuft meine Zeit in dieser Firma ab? – Habe ich in ihr meinen Auftrag erfüllt? – Was wird mit mir, wenn ich gekündigt werde? – Wird der Herr mich versorgen ...?*

Ganz gewiss, denn auch ihm galt die Zusage: „Ich will dich nicht verlassen noch versäumen ...“

„Herr“, sagte Sigi in die Stille des Zimmers hinein, „ich verlasse mich auch jetzt auf Dich. Ich vertraue darauf, dass Du mich auch durch diese Situation bringst, wie Du mich schon durch andere gebracht hast.“

Doch eines eigenartigen Gefühls in der Magengegend konnte er sich nicht erwehren.

Mit einem gewissen Druck auf dem Herzen betrat Sigi auch am Montagmorgen die Lithografie. Als er sich anschickte seine Arbeit aufzunehmen, erschien der Gruppenleiter und sagte ihm: „Lass das mal. Du sollst zu einem Gespräch mit dem Abteilungsleiter, dem Betriebsrat und dem Personalchef in das Büro kommen. Es gibt da einiges mit dir zu bereden."

Minuten später saß Sigi im Büro den drei Männern gegenüber. Der Personalchef konnte nicht verbergen, dass ihm diese Angelegenheit unangenehm war. Offensichtlich hatte er einen solchen Fall noch nicht verhandelt, in dem weder Diebstahl noch schlampige Arbeit vorlag. Deshalb wandte er sich mit ruhigen Worten an Sigi. „Einiges können Sie tun und anderes können Sie nicht tun ... Wie soll das nun weitergehen mit Ihnen?"

Sigi erläuterte ihm die Gründe seines Handelns.

„Das ist schön und gut", entgegnete der Personalchef. „Aber wie sollen wir das vor Ihren Kollegen verantworten? – Ihr Verhalten wird Schule machen. – In absehbarer Zeit werden andere mit anderen Argumenten kommen, dass sie gewisse Arbeiten nicht mehr verrichten können! – Wir machen Ihnen einen Vorschlag: Pornos brauchen Sie nicht mehr zu bearbeiten. – Das ist ein Entgegenkommen von uns. Jetzt müssen Sie uns aber auch entgegenkommen und erklären, dass Sie alle anderen Sachen bearbeiten.“

Er ist ein kluger Taktiker, sagte sich Sigi. *Für Verhandlungen mit Geschäftsleuten kann die Firma wohl keinen besseren Mann finden als ihn. Wenn beide Teile nachgeben, können gute Geschäftsabschlüsse zu Stande kommen …*

Doch Sigi saß nicht hier, um einen Geschäftsabschluss zu tätigen. Ihm ging es um die gehorsame Erfüllung des Auftrages vom Herrn Jesus. Über den konnte aber nicht verhandelt werden, mit dem Personalchef schon mal gar nicht …

Das geschickt formulierte Angebot brachte Sigi mit einem Mal auf den Gedanken: *So ähnlich muss es beim Sündenfall gewesen sein. Das Angebot, das der Eva gemacht wurde, muss ebenso verlockend gewesen sein wie der Vorschlag des Personalchefs. – Ich kann meine Arbeitsstelle behalten und voller Gelassenheit in die Zukunft planen, wenn ich …*

Es war ganz still im Raum. Alle warteten gespannt darauf, was Sigi antworten würde. Der wusste, dass dies der entscheidende Moment war, dass es jetzt ums Ganze ging.

„Diese Zusage kann ich nicht geben. Ich kann nur von Fall zu Fall entscheiden, ob ich ein Bild bearbeiten kann oder nicht", sagte er schlicht und ohne Trotz.

Schlagartig kam Bewegung in die Zuhörer. Sigi wusste sie nicht zu deuten: War es Bewunderung oder Entrüstung? – In den Blicken einiger Herren meinte er die Frage zu erkennen: „Wie kommst du, kleiner Angestellter, dazu, dich gegen eine Entscheidung der Firmenleitung zu stellen ...?"

„Wir tragen die Verantwortung für das Fertigungsprogramm", schien der Personalchef zu denken. „Für uns ist entscheidend, was bei der Kundschaft ankommt, was abgesetzt werden kann. Wir müssen uns nach dem Umsatz, dem Gewinn, und nicht nach dem Gewissen richten!"

„Wenn das so ist", sagte der Personalchef einen Augenblick später in ruhigem Ton, obwohl ihn Sigis Verhalten sichtlich ärgerte, „dann müssen wir Sie entlassen! – Allerdings könnten Sie uns den Gefallen tun und von sich aus kündigen."

Sigi verstand nicht, weshalb er das tun sollte, und sah den Chef fragend an.

„Wir würden es dann leichter haben, den Kollegen zu erklären, weshalb sie nicht mehr da sind“, sagte der in einer plötzlichen Anwandlung von Ehrlichkeit.

„Das würde aber nicht der Wahrheit entsprechen“, entgegnete Sigi, ohne lange zu überlegen. „Es ist doch so, dass ich die Arbeit tun möchte. Sie haben aber nicht die Arbeit, die ich tun kann.“

Einige Sekunden lang herrschte Sprachlosigkeit unter den Zuhörern. Dann fingen sie sich wieder und erklärten nach kurzer Beratung, dass die Sitzung beendet sei.

Sigi ging in die Lithografie und nahm seine Arbeit wieder auf. Es fiel ihm schwer, sich zu konzentrieren, weil er keine konkrete Antwort erhalten hatte und ihn die Unsicherheit nervös machte. Im Stillen betete er immer wieder um Trost zu dem Herrn und wurde schließlich auch ruhiger. Mehr und mehr reifte aber die Gewissheit in ihm, dass die Vorgesetzten einen, wenn auch fadenscheinigen Grund finden würden, um ihn loszuwerden.

Tage später fand er seine Vermutung bestätigt. Ihm wurde gekündigt.

Sigi war nun arbeitslos und musste sich mit dieser Lage erst abfinden. Das war nicht immer einfach. Oft klopfte der Versucher an und fand manches Mal auch bei ihm Gehör. Dann bedrängten ihn die Überlegungen: *Wenn du ein bisschen nachgegeben hättest, wäre dir nicht gekündigt worden. – Weshalb hat Gott diese Kündigung auch zugelassen? – Er weiß doch, dass du dich nur so verhalten hast, weil du Ihm gehorsam sein wolltest ...*

Letztlich stand für Sigi aber fest, dass er einen liebenden Vater im Himmel hatte, der ihm nichts Böses wollte, auch wenn das, was er vor Augen hatte, eine andere Sprache zu sprechen schien.

Ihm kamen die Verse aus dem ersten Brief des Apostels Petrus in den Sinn: „Ihr Lieben, lasset euch die Hitze, so euch begegnet, nicht befremden (die euch widerfährt, dass ihr versucht werdet), als widerführe euch etwas Seltsames; sondern freuet euch, dass ihr mit Christo leidet, auf dass ihr auch zur Zeit der Offenbarung seiner Herrlichkeit Freude und Wonne haben möget."

Sigi nickte nachdenklich. „Ich werde im Augenblick erprobt, geläutert wie das Gold im Feuer. Wenn das geschehen ist, wird der Herr eine neue Aufgabe für mich haben. Deshalb möchte ich stillehalten."

Zunächst sah es aber nicht danach aus. Er musste die wenig ermunternden Beurteilungen der Verwandten und Bekannten über sich ergehen lassen. Als sie hörten, dass er arbeitslos war, und den Grund seiner Kündigung erfuhren, schüttelten sie verständnislos den Kopf und meinten: „Man kann es auch übertreiben … Wir können die Welt doch nicht ändern … So fanatisch braucht man nicht zu sein."

Anfangs versuchte Sigi sich zu erklären. Als er den Eindruck gewann, dass man seine Argumente gar nicht hören wollte, weil man wohl ahnte, dass man sich dann auch hätte ändern müssen, schwieg er. Schließlich war der Herr Jesus von seiner eigenen Familie anfangs auch nicht verstanden worden …

Aber schon wenig später stieß Sigi auf die erste Frucht seiner Haltung. Boris, ein Arbeitskollege, der vorher über den Glauben nur gespottet hatte und mit seiner atheistischen Weltanschauung alles zu verbessern hoffte, sagte ihm bei einem zufälligen Zusammentreffen: „Du hast mir ein schlechtes Gewissen gemacht … Hier hast du meine Adresse. Wenn du willst, besuch mich doch mal."

Sigi wollte und tat es auch, denn er hatte viel Zeit. Als er Boris gegenübersaß, zeigte sich bald, dass der ehemalige Arbeitskollege sehr offen für das Wort Gottes war. Er hatte so viele Fragen, dass Sigi bei diesem Besuch gar nicht alle beantworten konnte, und sie vereinbarten ein neues Treffen. An dieses schlossen sich noch weitere an, zu denen Boris nach und nach seine Freunde einlud. Die dann regelmäßig kamen und wieder andere mitbrachten. Schließlich war eine kleine christliche Versammlung entstanden.

Zu ihr zählte ein junger Mann, dessen Onkel eine mittelgroße Druckerei betrieb. Über diesen jungen Mann hin bekam Sigi Verbindung zu dem Druckereibesitzer und wurde von ihm eingestellt.

Damit war der „Schaden", wie Sigis Verwandte meinten, wieder ausgeglichen. Und Sigi hatte erfahren, dass Gott sich nichts schenken lässt, dass es so ist, wie der Herr Jesus sagt: „Und wer verlässt Häuser oder Brüder oder Schwestern oder Vater oder Mutter oder Frau oder Kinder oder Äcker um meines Namens willen, der wird's hundertfältig nehmen und das ewige Leben ererben."

Wenn die Not am größten …

Als Frieder Baumgart vom Tod seines Bruders erfuhr, ging es ihm nicht mehr gut. Er litt unter eigenartigen Herz- und Atembeschwerden, die er bis zu diesem Tag nicht gekannt hatte.

Seit der Beerdigung des Bruders vor zwei Tagen ging es Frieder noch schlechter. – Daran war aber nicht die Rede des Pastors schuld. Der hatte so gesprochen, dass es keinem unter die Haut gehen konnte. Trotzdem hatte die Beerdigung Frieder so stark bewegt, dass er nicht von ihr loskam. Weshalb sie ihn so angegriffen hatte, wusste er nicht und grübelte in jeder freien Minute darüber nach …

Dann wachte er eines Nachts aus unruhigem Schlaf auf und fand schon nach kurzem Nachdenken die Antwort: „Das Zerwürfnis, das du vor einem Jahr mit deinem Bruder hattest, ist an deinen eigenartigen Beschwerden schuld!“

Weshalb war er mit ihm auch so heftig aneinandergeraten, wo er sich bis dahin gut mit Elmar verstanden hatte – sehr gut sogar? – Nein, Frieder konnte sich nicht mehr genau an den Anlass der dummen Auseinandersetzung erinnern. Er wusste nur, dass es eine Kleinigkeit gewesen war, wegen der sie sich in die Haare geraten waren.

Das darf doch nicht wahr sein, dass wir uns wegen einer solchen Lappalie verfeinden!, hatte er schon kurze Zeit später gedacht. – Aber sie hatten nicht mehr zusammengefunden, sie hatten nur noch die üblichen Dinge besprochen, die sich zwangsläufig aus einem verwandtschaftlichen Verhältnis ergeben.

Jetzt hatte ein Herzinfarkt dem Leben des Bruders ein Ende gesetzt! Er hatte ihn einfach so dahingerafft, von heute auf morgen.

Das war trotz allem, was zwischen ihnen gestanden hatte, schon hart! – Doch die wirkliche Härte bestand darin, dass jetzt nichts mehr zwischen ihnen geklärt werden konnte! – Genau, das war es, was Frieder die Ruhe raubte! Es stimmte schon, was er einmal irgendwo gelesen hatte: „Nichts bedrückt an einem Grab mehr, als Unversöhnlichkeit und versäumte Liebe."

Wie schon so oft in letzter Zeit machte sich Frieder Baumgart auch am nächsten Tag wieder auf den Weg zum Stadtpark. Wie üblich wollte er sich auf der Ruhebank unter der Trauerweide am Teich niederlassen und über sein Problem nachdenken. Allerdings war er schon sicher, dass er wieder keine Lösung finden und aufgewühlt bleiben werde ...

Doch heute war etwas anders. Frieder sah es schon aus einiger Entfernung. Auf „seiner Bank" saß schon jemand. Irgendwie ärgerte ihn das. Bisher hatte er stets allein auf ihr gesessen und gehofft, dass sie von niemand anderem unter der Trauerweide entdeckt würde. In dieser Hoffnung sah er sich nun getäuscht. Was sollte er tun ...?

Bei der Sache, über die er nachdenken wollte, konnte er keinen Nachbarn gebrauchen, auch wenn der kein Wort reden sollte. Er störte schon allein durch seine Anwesenheit ...

Im Näherkommen erkannte Frieder Baumgart, dass der unerwünschte Banksitzer ein junger Mann war, der sich in ein Buch vertieft hatte.

Auch das noch! Ein junger Spund!, dachte Frieder und beschloss, heute seinen Lieblingsplatz nicht einzunehmen.

Gemächlichen Schrittes, aber innerlich aufgewühlt, ging Frieder an der Bank unter der Trauerweide vorüber. Nach wenigen Metern blieb er stehen und schaute zurück.

Warum sollst du deinen Lieblingsplatz kampflos aufgeben, dazu noch wegen eines jungen Kerls?, protestierte es in ihm. *Sicher ist er einer von diesen Drückebergern, die der Allgemeinheit auf der Tasche liegen, sonst könnte er nicht schon um diese Zeit hier herumlungern!*

Kurz entschlossen drehte Frieder Baumgart um und ging mit festen Schritten zu „seiner Bank“. Er setzte sich ans äußere, rechte Ende, sodass ein gutes Stück zwischen ihm und dem lästigen Nachbarn blieb. Er tat es in einer Haltung, die dem jungen Mann deutlich machen musste: Diese Bank gehört mir! Nun los, geh schon bald …!

Doch der junge Mann schien Frieders Abwehr nicht zu bemerken. Während Frieder sich niederließ, hatte er nur flüchtig und gedankenverloren aufgesehen und sich sofort seinem Buch wieder zugewandt.

Diese Gleichgültigkeit steigerte Frieders Verdruss. Ein bisschen mehr Beachtung hatte er schon erwartet. Dann hätte der junge Mann auch seine Abneigung bemerkt und wäre wohl gegangen. Weil das aber nicht der Fall war, betrachtete ihn Frieder mit entsprechendem Unmut. Schließlich bekam er den Buchtitel zu Gesicht und las: „Gott kann nicht sterben".

Du liebes Bisschen! Heute hat sich wohl alles gegen mich verschworen!, dachte Baumgart. *Reicht es denn nicht schon, dass mich der junge Kerl durch seine Anwesenheit stört – muss er sich auch noch mit etwas so Überflüssigem wie Gott beschäftigen …?!*

Frieder versuchte den Nachbarn zu ignorieren. Aber es blieb ein Versuch. Von dem Buchtitel schien eine eigenartige Kraft auszugehen, sie begann Frieders Abneigung in Neugierde zu verwandeln. Bisher war er der Meinung gewesen, dass der Glaube etwas für kleine Kinder und Leute, die offensichtlich schon am Rand des Grabes standen, sei. Die brauchten halt einen Trost, der in seinen Augen natürlich sehr fragwürdig war. Aber das sahen diese Leute wahrscheinlich nicht mehr. Ihm, der sich geistig hatte fit halten können, gab der Glaube nichts. Nach allem, was er in seinem Leben erfahren hatte, erschien es ihm lächerlich, von einem Gott zu reden, der es gut mit den Menschen meint …

Aber dieser junge Mann da, wie kam der dazu die „fromme Platte" aufzulegen? – Ob er wohl geistig nicht ganz auf der Höhe war? – Frieder Baumgart besah ihn sich genauer. Nein, das konnte nicht sein. Er sah gut aus und machte auch einen intelligenten Eindruck.

Baumgart verspürte das Bedürfnis mit ihm ins Gespräch zu kommen und räusperte sich. Der junge Mann reagierte aber nicht darauf.

Frieder gab sich noch nicht geschlagen und ging zur direkten Form über.

„Entschuldigung, glauben Sie an Gott?", fragte er, so sachlich, wie es ihm im Augenblick möglich war.

„Ja." Der junge Mann sah von seinem Buch auf und Baumgart an.

Der verzog das Gesicht so, dass der junge Banknachbar seine ablehnende Haltung deutlich erkennen konnte.

„Sie vertreten wohl eine andere Ansicht. – Warum denn?"

Diese Frage reizte Baumgart. Er wäre am liebsten heftig geworden. Der Junge tat ja so, als sei es etwas Außergewöhnliches, nicht an Gott zu glauben. Die Wirklichkeit sah doch anders aus. Nur die wenigsten glaubten noch an Gott! – Schon war Frieder dabei, alle negativen Erfahrungen seines Lebens aufzuzählen. Es war eine lange Liste ...

Der junge Mann legte das Buch neben sich auf die Bank und hörte geduldig zu.

„Sie nehmen mich wohl nicht ernst?“, unterbrach sich Frieder und setzte sich kampfbereit zurecht.

„Wieso? – Das tu ich schon“, versicherte sein Gegenüber. „Aber ich finde, dass Sie nicht objektiv sind und somit schuldig werden …“

Frieder setzte zu einer Entgegnung an, der junge Mann ließ ihn aber nicht zu Wort kommen und versuchte ihm klar zu machen, dass er zumindest Gott gegenüber ungerecht sei. Auch in seinem Leben gäbe es sicher manches Schöne, über das er sich freuen dürfe. Und wenn er Gott mehr vertrauen würde, würde er auch gelassener leben können. Vor allem wäre er aber nicht mehr so verdrossen wie jetzt.

Je länger sein Gegenüber sprach, um so ruhiger wurde Baumgart. Er gestand sich ein, dass der junge Mann Recht hatte. Mehr noch, dass er sich nach einem Neuanfang, nach einem Leben, zu dem ihm hier Mut gemacht wurde, sehnte …

Doch plötzlich war da eine Stimme, die Frieder durcheinanderbringen wollte und ihm einflüsterte: *Lass dich von dem Grünschnabel nicht irremachen. Du kennst doch die jungen Spunde: große Klappe, aber nichts dahinter! – Der hier kann halt fromme Sprüche kloppen, anderen Wasser predigen und selbst Wein trinken. Wie könnte er sonst schon um diese Zeit im Park herumlungern …!*

„Haben Sie für heute schon Feierabend?“, fragte Baumgart lauernd.

Der Junge wunderte sich insgeheim über diese Frage. Er wusste nicht, was sie in diesem Zusammenhang sollte. Trotzdem gab er bereitwillig Auskunft und Frieder erfuhr, dass sein Gegenüber für ein Taschengeld in einem Altenheim arbeite und heute seinen freien Tag habe. Weiter erzählte der junge Mann, dass er vor einem halben Jahr sein Abitur gemacht, aber nicht sofort ein Studium begonnen habe, weil er aus Dankbarkeit für die von seinem Herrn empfangene Hilfe ein Jahr lang umsonst in einem Heim arbeiten wollte.

Baumgart war beeindruckt. Er wusste nicht, ob er als junger Mann sich zu einer solchen Tat hätte bereitfinden können. Ihm wäre das wohl als verlorene Zeit erschienen. Ja, er konnte noch nicht einmal sagen, dass er sich heute zu einem solchen Dienst aufraffen würde. Gewiss, er konnte bestimmt nicht mehr so zupacken wie sein Banknachbar, aber es gab ja auch leichtere Arbeiten, die im Bereich seiner Leistungsmöglichkeiten lagen. Doch er merkte auch, dass ihm der Anschub dazu fehlte …

Ja, es war schon enorm, was der junge Mann tat, und Frieder schämte sich, dass er so negativ über ihn gedacht hatte. – Er meinte auch den Grund zu kennen, der den Jungen motivierte. Der musste zweifellos in dem liegen, was der Banknachbar schon wiederholt als „mein Herr" bezeichnet hatte. Frieder ahnte auch, wen der Junge mit „meinem Herrn" meinte.

Trotzdem fragte er: „Was ist das für ein Herr, der solche Taten von Ihnen fordert?"

Die Frage gefiel dem Jungen nicht. Sein Gegenüber nahm wohl an, dass er geknechtet werde. Er stand aber unter keinem Zwang. Hatte der alte Mann überhört, dass er freiwillig, aus Dankbarkeit, so handelte? – Doch er verzichtete darauf den Nachbarn zu korrigieren und legte stattdessen ein klares Zeugnis vom Herrn Jesus ab.

Je länger der Junge sprach, um so erstaunter wurde Frieder Baumgart. So hatte er noch nie jemand vom Herrn Jesus reden hören. Das war alles so persönlich und so natürlich ...

Er hatte auf einmal den Wunsch, den jungen Mann näher kennenzulernen, sich öfter mit ihm zu treffen. Aber wie sollte er ihm das beibringen, ohne aufdringlich zu wirken, wie ...?

Der Junge nahm sein Buch wieder auf, klappte es zu und steckte es in die Innentasche seiner Jacke. Offensichtlich wollte er aufbrechen und nach Hause gehen. Frieder fühlte sich unter Druck gesetzt und wusste jetzt gar nicht mehr, wie er seinen Wunsch anbringen sollte.

„So, ich möchte noch ein bisschen durch den Park und dann nach Hause gehen“, erklärte der junge Mann, während er sich erhob. Dabei sah er Baumgart ins Gesicht und erkannte, dass dieser noch etwas auf dem Herzen hatte. Einer plötzlichen Eingebung folgend fragte er: „Sitzen Sie öfter hier auf dieser Bank?“

Frieder nickte eifrig.

„Dann werden wir uns bestimmt noch einmal wiedersehen.“

„Ich – ich hoffe es sehr.“

Der junge Mann horchte auf. Er meinte aus den Worten seines Gegenüber einen Ton gehört zu haben, der nach Hilfe verlangte, und fragte: „Sind Sie allein?“

Baumgart nickte wieder und erzählte von seiner vor Jahren verstorbenen Frau.

„Wenn Sie es wollen und mir Ihre Anschrift geben, besuche ich Sie gerne auch mal zuhause“, erbot sich der junge Mann. „Ich heiße Andi Bernau und wohne in der Kastanienstraße. Ich könnte auch verschiedene Besorgungen für Sie erledigen.“

Frieder ging erfreut auf dieses Angebot ein. Das war ja mehr, als er sich gewünscht hatte.

Seit Tagen regnete es schon, und kein Sonnenstrahl durchdrang die dichte Wolkendecke. So grau wie das Wetter war auch die Stimmung von Frieder Baumgart. Er steckte wieder in einem bedrückenden Tief. Mit aller Macht wollte die Einsamkeit über ihn Herr werden.

Seit es regnete, hatte er mit niemandem mehr ein richtiges Gespräch geführt. Immer war es nur der übliche Tratsch gewesen: das Wetter, die Nachbarn, der Fußball und die Politik.

Vorgestern war ihm beschämt aufgefallen, dass er Selbstgespräche geführt, laut vor sich her geredet hatte.

Auf den jungen Mann aus dem Park ist auch kein Verlass, sonst hätte er sich längst einmal gerührt, dachte Frieder Baumgart bitter.

Als seine Bitternis in Ärger umzuschlagen drohte, meldete sich Andi Bernau am Telefon und kündigte für den nächsten Tag seinen Besuch an. Obwohl der Himmel noch immer wolkenverhangen war und es regnete, ging in Frieder die Sonne auf. Sofort stürzte er sich in einen großen Hausputz, um seinen Gast anständig empfangen zu können. Andi sollte ja nicht gleich verschreckt werden. Er wollte doch, dass ihn der Junge noch öfter besuchen kam.

Wenn du alles gleich wieder wegräumen und an seinen Platz geben würdest, dachte Frieder schon nach wenigen Minuten, *müsstest du nie solche Anstrengungen unternehmen wie jetzt!*

In der ersten Zeit nach dem Tod seiner Frau hatte er die Wohnung auch immer sorgfältig in Ordnung gehalten. Aber nach und nach hatte er sich einem gewissen Schlendrian hingegeben. Vor etwa einem Jahr war eine eigenartige Müdigkeit über ihn gekommen, und er tat oft nicht mehr, was er sich vornahm. So lagen aufgeschlagene Bücher und Zeitungen wie auch Kleidungsstücke herum. Auf dem Tisch standen nicht weggeräumte Gläser und Tassen. Aber jetzt brachte er alles in Ordnung.

Anschließend ging er sogar einkaufen. Er war plötzlich nicht mehr müde. Der Anruf von Andi hatte ihn in Fahrt gebracht. Er besorgte Cola und Ähnliches, was die jungen Leute heutzutage halt so tranken. Dann bestellte er für den nächsten Tag belegte Brötchen und kaufte zum Schluss einen Blumenstrauß, den er zuhause auf den Wohnzimmertisch stellte. Dann sah er sich prüfend um und fand, dass alles ordentlich gerichtet war und Andi sich bei ihm wohlfühlen konnte.

Als der junge Mann am nächsten Tag erschien, erhielt Baumgarts Freude aber bald einen Dämpfer. – „Ich kann leider nicht lange bleiben“, erklärte Andi und Frieders Züge versteinerten.

Bernau entging das Entsetzen des alten Mannes nicht. Er hatte sich wohl sehr auf seinen Besuch gefreut. Die Vorbereitungen zu seiner Bewirtung verrieten das deutlich.

Andi überlegte kurz und fand, dass er den folgenden Termin gut verschieben konnte, und blickte in zwei freudig strahlende Augen, als er seinen Entschluss, doch länger zu bleiben, Baumgart mitteilte.

Nachdem sie am Wohnzimmertisch Platz genommen hatten, war Frieder darauf aus seinen Gast näher kennenzulernen und stellte die verschiedensten Fragen. Der gab gerne Auskunft. Er zählte von seinem Zuhause, mit dem sich für ihn nur gute Erinnerungen verbanden. Er sprach von seiner Schulzeit, dem mit „Sehr gut“ bestandenem Abitur und seinem jetzigen „Jahr für den Herrn“. Frieder fand das sehr interessant und genoss es, in der Gesellschaft eines jungen Menschen zu sein. Diese Stunden hier waren in keiner Weise mit denen im städtischen Seniorenclub zu vergleichen. Dort wurde nur von dem geredet, was am Abend zuvor im

Fernsehen war, und immer wieder wurden die Krankheiten der einzelnen Leute aufgetischt …

Gewiss, es störte ihn schon etwas, dass Andi zwischendurch immer wieder auf Jesus zu sprechen kam. Aber er nahm es dem Jungen nicht übel, weil er spürte, dass dieser voll dahinter stand, dass der Glaube ein fester Bestandteil seines Lebens war und man ihn ohne den Glauben nicht haben konnte …

Schließlich erzählte Frieder, dass er in der vergangenen Woche zum ersten Mal vor Gericht gestanden hatte. Andi zeigte sich erstaunt. Dieser Mann vor Gericht? Was hatte er in seinem Alter noch angestellt?

„Nicht so, wie Sie denken“, versuchte Baumgart abzuschwächen, als er das Erstaunen des Jungen bemerkte. „Ich war nicht als Angeklagter, sondern als Zeuge dort. In meinem Gartenhaus war eingebrochen worden, und man hat den jungen Mann erwischt.“

Andi nickte beruhigt. „Und was wollen Sie für den Jungen tun?“, erkundigte er sich nach einer kurzen Pause.

Frieder sah verwundert auf. Er verstand die Frage nicht. Er, der Geschädigte, sollte etwas für den, der ihn geschädigt hatte, tun? Das gab es doch wohl nicht! Es musste doch wohl umgekehrt laufen!

„Der junge Mann ist dir als eine Aufgabe zugeführt worden“, erläuterte Andi seinen Standpunkt. „Man kann ihn doch nicht einfach einsperren oder wieder laufen lassen. Damit ist ihm nicht geholfen, und geholfen muss ihm werden. Er stellt sonst wieder etwas an. Echt, um den Jungen muss man sich kümmern.“

Baumgart sah seinen Gast mit großen Augen an. Ihn irritierte auch, dass ihn der Junge plötzlich geduzt hatte. Er spürte aber, dass es kein dreistes, respektloses Du war, sondern dass es eine herzliche, liebevolle Annahme seiner Person darstellte ...

Andi bemerkte die Veränderung bei seinem Gegenüber, vermutete, dass ihm das Du zu schaffen machte, und erklärte entschuldigend: „Nehmen Sie es mir nicht übel, dass mir das Du herausgerutscht ist. Bei uns in der Gemeinde ist das Sie nicht üblich, wir reden uns alle mit Du an, weil wir durch den Herrn Jesus Gott zum Vater haben und somit alle Brüder und Schwestern sind. Außerdem finde ich es irre, einen Menschen, der nur in der Einzahl vorhanden ist, in der Mehrzahl anzureden. Oder?“

Von dieser Seite hatte Frieder das Thema noch nie betrachtet. Er fand es aber einsichtig und gab Andi Recht. Der brachte das Gespräch nun wieder auf den jungen Einbrecher und wollte wissen: „Was macht er denn jetzt?“

„Nichts. Er ist arbeitslos.“

„Was sagen denn seine Eltern? Hast du sie schon kennen gelernt?“

Frieder Baumgart gestand, dass er sich solche Fragen bisher noch nicht gestellt hatte. Er hatte die Mutter zwar einmal gesehen, als sie mit dem Anwalt sprach. Aber der Gedanke, sie anzusprechen, war ihm nicht gekommen.

„Dann wird es aber Zeit, dass du das nachholst“, beschwor ihn Andi. „Wenn der Junge jetzt wieder etwas anstellt und du weder mit ihm noch mit seinen Eltern gesprochen hast, wirst du mitschuldig.“

So hatte dieser Besuch eine recht nachdenkliche Note erhalten und Baumgart eine ziemlich schlaflose Nacht beschert. Immer wieder hatte er über Andi Bernaus Ansichten nachdenken müssen.

Selbst am anderen Morgen beschäftigten sie Frieder noch. Kurz entschlossen rief er bei seinem Anwalt an, um sich die Anschrift der Mutter zu besorgen. Er wollte vor Andi bestehen können, der seinen nächsten Besuch schon für die folgende Woche angekündigt hatte.

Als Baumgart im Besitz der Anschrift war, wurde ihm flau zu Mute. Die angegebene Straße lag im verrufensten Viertel der Stadt. Frieder hatte diese Welt bisher noch nicht kennen gelernt, er war mit ihr noch nicht einmal in Berührung gekommen. Trotzdem, er überwand sich und ging hin. Bei seiner Entscheidung hatten Andis Worte eine wesentliche Rolle gespielt: „In dem Jungen, Frieder, ist dir eine Aufgabe gestellt, dir und keinem anderen! Ich bin gespannt, wie du sie löst."

Und schließlich hatte Baumgart sich gesagt: „Das ist eine Chance für dich, etwas Ähnliches zu tun wie Andi mit seinem ‚Jahr für Gott'!"

Schon am Nachmittag stand Frieder der Mutter des Jungen gegenüber und war erstaunt. Die Frau zeigte keine Spur von Überraschung, dass er als Fremder Auskunft über ihren Sohn erbat. Offensichtlich war das ein gewohnter Vorgang für sie. Sie erzählte ihm, dass nach jeder Straftat ihres Jungen Bewährungshelfer, Leute vom Jugendamt und der Polizei kamen, um ihn zu suchen oder Auskünfte über ihn einzuholen.

„Das ist jetzt seine fünfte Sache, die er gedreht hat", sagte die Mutter. „Aber das Einsperren hat ihn noch nicht besser gemacht. Im Gegenteil. Nach jedem Mal wurde es schlechter mit ihm.“ – Sie gab offen zu, dass auch sie Schuld an dieser Entwicklung ihres Jungen hatte. „Ich habe mich nicht genug um ihn gekümmert, weil ich als Serviererin in einem Nachtclub gearbeitet habe“, erklärte sie.

„Und sein Vater?“, wagte Frieder Baumgart zu fragen.

„Sein Vater?“ Die Frau lachte höhnisch und ordinär. „Der feine Herr wird sich vielleicht melden, wenn's was zu erben gibt!“

Baumgart war erschüttert. Er wusste zwar, dass es solche Verhältnisse gibt, aber es ist ein Unterschied, ob man nur davon hört oder damit direkt konfrontiert wird. Das Schlimmste für ihn war, dass er sich in dieser Situation so hilflos fühlte, weil er nichts verändern konnte …

Wieder zuhause, ließ Frieder Baumgart das Geschehen der vergangenen Stunden noch einmal an sich vorübergleiten. Dabei schwand jede Hoffnung. Fünfmal vor Gericht! – Vielleicht hatte der Junge aber noch mehr auf dem Kerbholz! Wer wusste denn, wie oft er nicht erwischt worden war! – Nein, da gab es nichts mehr zu helfen, da war jeder Versuch von vornherein zum Scheitern verurteilt.

Frieder schüttelte den Kopf und zuckte mit den Achseln. Sein Bemühen, hier zu helfen, sah er als gescheitert an und wurde traurig. Ein wenig Trost vermittelte ihm der Gedanke, dass es Umstände gab, die stärker waren als man selbst. Weiter überlegte er: *Wenn schon die Bewährungshelfer und andere Beamte bei dem Jungen nichts erreichen, ist es vollkommen logisch, dass ich schon gar nichts ausrichten kann. Ich bin doch nur ein alter Mann, und dazu schon Rentner!*

Trotzdem fand Frieder nicht zur üblichen Ruhe zurück. Es bewegte ihn ganz einfach, dass er keinen Lichtblick sah. Es legte sich ein schwerer Druck auf sein Gemüt, dass dieser junge Mensch so zu Grunde gehen sollte ...

Außerdem – wenn er ganz ehrlich war – schämte sich Frieder auch ein wenig vor Andi. Ja, er fürchtete sich vor seinem nächsten Besuch, weil er ahnte, dass alles, was er zur Rechtfertigung seines Misserfolges anführen werde, den Jungen nicht überzeugen würde.

Doch wider Erwarten brachte Andi Verständnis für sein Scheitern auf. „So geht das nicht. Du kannst diese Karre nicht aus dem Dreck ziehen", tröstete der Junge. „Wo war denn der Herr Jesus in deinem Bemühen? – Lass Ihn doch mal machen! Du wirst seh'n, Er kann mehr als du!"

Frieder Baumgart schaute den Jungen mit großen Augen an. Er war es nicht gewohnt, so vom Glauben und dem Herrn Jesus zu reden. Durfte man das überhaupt tun? – Er hatte bisher gemeint ein gläubiger Mensch zu sein, aber so hatte er noch nie gesprochen. Ihm hatte auch noch niemand gesagt, dass man das so tun sollte und konnte.

In der Vergangenheit hatte er vielen Leuten geholfen. Er hatte geholfen, wo immer er konnte. Aber es war halt nur er gewesen, der geholfen hatte, niemand anderes, und jeder hatte Frieders Hilfe als christlich bezeichnet! – Er hatte auch mit allen im Frieden gelebt – fast mit allen. Nur diese dumme Geschichte mit seinem Bruder, der vor wenigen Wochen beerdigt worden war, trübte das Bild. Aber wegen dieser einen Sache konnte er nicht als schlechter Mensch hingestellt werden. Das ging doch nicht! …

Trotzdem, Frieder kam nicht davon los, dass Andi so unbefangen und persönlich von Jesus sprach. Das machte ihn sogar verlegen und brachte ihn durcheinander. Es beunruhige ihn schließlich so, dass er es offen aussprach.

Andi hatte Verständnis dafür, meinte aber: „Du, als Konstrukteur, bist doch ein klardenkender Mensch. Du konntest es dir nicht leisten zu pfuschen. Von daher wirst du wohl auch einsehen, dass man eine so lebenswichtige Sache wie die mit Gott nicht halbherzig betreiben kann. Man muss sich ihr ganz hingeben oder die Finger von ihr lassen."

Das leuchtete Frieder ein und er nickte.

Bevor Andi wieder ging, lud er Herrn Baumgart zum Bibelgesprächskreis ein. Frieder stutzte. Ihm war anzusehen, dass ihm die Einladung gegen den Strich ging. Er kannte nun die für ihn neue Art, in der Andi von Jesus sprach, die ihm inzwischen auch überzeugend erschien. Er wusste weiter, dass sich der Junge anders verhielt als andere, die sich Christen nannten, trotzdem hatte er seine Abneigung gegen das „Fromme" noch nicht ganz überwunden. Deshalb neigte er dazu, Andi Bernau eine Absage zu erteilen. Zum Schluss sagte er aber doch zu, weil er befürchtete, der Junge könnte enttäuscht sein und die ihm so wohltuende Beziehung abbrechen.

Mag geschehen, was da will, die Hauptsache ist, der Andi kommt weiter zu mir, sagte er sich. *Ich darf ihm ja auch mal eine Freude machen!*

Der erste Bibelgesprächskreis war für Frieder natürlich etwas vollkommen Ungewohntes. In der Vergangenheit hatte er bei ähnlichen Veranstaltungen in der Mehrzahl nur alte Leute angetroffen, die sich von einem Pastor etwas mehr oder weniger Verständliches erzählen ließen. Hier waren die jungen Leute in der Mehrzahl, und jeder der Anwesenden leistete seinen Beitrag zu dem vorgegebenen Thema aus der so genannten Bergpredigt. Was zu dem siebzehnten Vers aus dem fünften Kapitel des Evangeliums nach Matthäus gesagt wurde, rief in Frieder zunächst Unverständnis und Abneigung hervor. Es ging doch nicht an, dass das Gesetz keine Möglichkeit zur Errettung bot! Wo sollte es denn hinführen, wenn die Gebote nicht mehr beachtet wurden! Was machten sich diese Leute da zurecht! – Es sah schon so trübe genug aus. Wenn jetzt auch noch die Frommen daran gingen, die göttlichen Maßstäbe außer Kraft zu setzen, dann war dem Chaos doch Tür und Tor geöffnet ...

Frieder wurde unruhig und rutschte auf seinem Platz hin und her. Er überlegte, ob er nicht eingreifen und mit energischen Worten Ordnung in das Gespräch bringen sollte. Bisher hatte er gedacht, dass Andi und seine Leute besser in der Bibel Bescheid wüssten als er, das schien aber eine Täuschung gewesen zu sein. Er hielt die Gebote ja für wertvoller als die hier Versammelten ...

Doch kurz bevor er sich einmischen wollte, spitzte er noch einmal die Ohren und hörte: „Das Gesetz ist der offenbarte Wille Gottes. Es hat auch heute noch Gültigkeit und muss von jedem erfüllt werden, der vor Gott bestehen möchte. Diese Erfüllung bringt aber kein Mensch zu Stande. Deshalb kam der Sohn Gottes auf diese Welt und erfüllte das Gesetz. Somit hat jeder, der sein Leben in die Hände des Herrn Jesus legt, in dem Herrn das Gesetz erfüllt ..."

Das erschien Frieder einleuchtend, sogar einleuchtender als das, was ihm bisher gesagt worden war, und ihm wurde leicht ums Herz. Wie viel Mal hatte er in der Vergangenheit schon versucht, die Gebote in seinem Leben umzusetzen, und jedes Mal war er kläglich gescheitert. Schließlich hatte sich eine gewisse Resignation bei ihm eingeschlichen. Er hatte gemeint, dass entweder die Gebote zu hoch hingen oder er ein unwahrscheinlicher Versager sei. Aber jetzt sah er einen Ausweg aus dieser Misere. – Deshalb stimmte er auch zu, als er am Schluss von den jungen Leuten gefragt wurde, ob der nächste Gesprächskreis bei ihm stattfinden könnte.

Schon bald durfte Frieder erfahren, dass er in diesem Kreis akzeptiert wurde, auch wenn er manches noch nicht verstand und Fragen stellte, die an der Sache vorbeigingen. Wohltuend für ihn war auch, dass sich vor allem die jungen Leute immer wieder etwas einfallen ließen, um ihm eine kleine Freude zu machen. So fuhr man ihn zum Krankenhaus, damit er einen anderen alten Herrn besuchen konnte. Man brachte ihn zum Friedhof, um nach dem Grab seiner Frau sehen zu können, und so weiter und so weiter.

Trotzdem, Herr Baumgart war nicht zufrieden. Er hatte noch einen Punkt, der ihn quälte. Dieser Punkt wurde mit zunehmender Dauer auch nicht leichter – im Gegenteil, er drückte immer heftiger; und dieser Punkt war die unerledigte Sache mit seinem verstorbenen Bruder ...

Frieder wunderte sich, dass ihm der unbereinigte Streit jetzt mehr zu schaffen machte als zu Lebzeiten des Bruders. Woran mochte das wohl liegen? – Etwa daran, dass er das Rad der Zeit nicht mehr zurückdrehen, seine Schuld nicht mehr bereinigen konnte, weil der Bruder tot war?

Ja, das tat weh, sehr weh sogar. Vor allem dann, wenn in den stillen Stunden die Anklagen in ihm hämmerten: *Warum hast du nicht ... – Ach hättest du doch ...*

Weil Frieder durch die Besuche der Bibelstunden und Gottesdienste sein Problem nicht loswurde, resignierte er. Er trug sich sogar mit dem Gedanken, den Veranstaltungen der Gemeinde wieder fernzubleiben. – Natürlich, die wohltuende Gemeinschaft mit den jungen Leuten würde dadurch einen Knacks bekommen, das war ihm vollkommen klar und tat ihm leid. Doch wog die Gemeinschaft mit ihnen seine Qualen, die durch die inneren Anklagen verursacht wurden, auf?

Frieder meinte es nicht. Er hatte den Eindruck, dass sein Problem größer wurde, je länger er sich in der Gemeinschaft der Gläubigen aufhielt. Das suchte er zu vermeiden ...

Andi Bernau bemerkte die Veränderung bei Frieder als Erster und sprach ihn bei einem seiner nächsten Besuche darauf an. Baumgart versuchte sofort, das Gespräch auf ein anderes Thema zu bringen. Es widerstrebte ihm, sich dem Jungen zu öffnen.

Doch Andi ließ sich nicht abweisen und fragte weiter, ohne lästig zu werden. Er hatte auch Erfolg, denn schließlich rückte Frieder mit seinem Problem heraus.

„Jetzt ist halt nichts mehr zu machen. Mir kann die Schuld nicht mehr vergeben werden. Ich muss sie mit ins Grab nehmen“, schloss er traurig seinen Bericht.

„Da täuschst du dich! Es gibt eine Möglichkeit, auch die Schuld aus der Vergangenheit los zu werden. Diese Möglichkeit heißt Jesus Christus! Von Ihm sagt uns die Bibel, dass Er für alle Schuld gestorben ist. Also auch für die aus der zurückliegenden Zeit. Er nimmt sie vollkommen weg, man muss sie Ihm nur geben“, erklärte Andi und lächelte so hoffnungsvoll, dass sich auch Frieders Züge etwas aufhellten.

„Wie macht man das, seine Schuld dem Herrn Jesus geben?“, wollte Herr Baumgart plötzlich wissen.

Andi erzählte von einem älteren Bruder in der Gemeinde, der das gut erklären könnte. „Wenn du willst, sag ich ihm Bescheid. Er kommt dann sogar hierher“, meinte Andi.

Frieder ging auf das Angebot ein. Wenn es eine solche Möglichkeit gab, wollte er sie natürlich nutzen, die Last seiner Schuld so schnell als möglich los werden. Sie drückte ihn nämlich ganz enorm.

Zwei Tage später klingelte es an Herrn Baumgarts Haustür. Er öffnete und der erwartete Besuch trat ein. In einem intensiven Gespräch konnte der Bruder aus der Gemeinde Frieder verständlich machen, weshalb der Herr Jesus – und nur Er allein – nicht nur die im Augenblick begangene Schuld, sondern auch die der Vergangenheit vergeben konnte.

„Vor Gott gibt es keine Zeit“, sagte der Bruder. „Die Zeit mit Vergangenheit, Gegenwart und Zukunft hat Gott nur für diese Erde gegeben, vor Ihm selbst ist nur Gegenwart, da ist die Erschaffung der Erde wie auch ihr Ende gleichzeitig vorhanden. Deshalb kann der Herr auch das, was für uns in der Vergangenheit liegt, hinwegnehmen.“

Das konnte Frieder zwar gedanklich nachvollziehen, letztlich aber nicht begreifen.

„Begreifen kann ich das auch nicht“, gestand der ältere Bruder aus der Gemeinde. „Wie sollte das zugehen, dass ich Gott, der Himmel und Erde und mich selbst geschaffen hat, im Letzten verstehen könnte? Dann müsste ich, was unmöglich ist, Gott werden. Ich kann zur Verdeutlichung dieser Tatsache nur ein schwaches Bild anbieten. Stellen wir uns einen Architekten vor, der den Plan für ein Haus entwirft. Für ihn ist das ganze Gebäude schon fertig. Er hat das Fundament und das gedeckte Dach sowie alle Zimmer und deren Einrichtung schon vor Augen, also alles, was dem späteren Besitzer noch verborgen ist.“

Frieder nickte nachdenklich. Dieses Bild hatte ihm die Sache etwas verständlicher gemacht.

Später kniete er mit dem Bruder nieder, bekannte in einem Gebet seine Schuld, bat herzlich um Vergebung und übergab sein Leben dem Herrn.

Als sich beide erhoben, fühlte sich Herr Baumgart so erleichtert wie schon lange nicht mehr. In seiner Freude umarmte er den Bruder aus der Gemeinde und drückte ihn ganz fest.

Die Hochstimmung klang nach einigen Tagen aber wieder ab. Doch die Gewissheit, dass er mit Gott im Reinen war und von Ihm geliebt wurde, blieb. Er konnte nun alles aus des Herrn Hand nehmen und alles in des Herrn Hand legen. Er konnte dem, was Gott mit ihm vorhatte, getrost entgegensehen und fürchtete sich nicht mehr vor dem ungewissen Morgen. Schließlich hatte er schon erfahren, dass ihm der Herr im rechten Augenblick die Menschen schickte, die ihm weiterhalfen oder an denen er selbst einen Auftrag zu erfüllen hatte.

„Ich möchte dich zu einer kleinen Feier bei Kaffee und Kuchen einladen. Sie wird vom Bibelgesprächskreis am Samstagnachmittag durchgeführt“, mit diesen Worten erschien Andi eines Tages bei Frieder und ließ erkennen, dass er eine Zusage erwartete.

Baumgart fühlte sich unter Druck gesetzt und hätte am liebsten abgelehnt. Er tat es aber nicht, weil er den Jungen nicht enttäuschen wollte. Nachdem Frieder sein Jawort gegeben hatte, sagte Andi: „Hoffentlich schenkt uns der Herr, um was wir Ihn schon lange bitten."

Baumgart verstand nicht.

„Ist dir nicht aufgefallen, dass in den Gebetsgemeinschaften der letzten Zeit immer wieder ein bestimmter Name genannt wurde?", versuchte Andi seinem Gegenüber weiterzuhelfen.

„Meinst du Hubert, der vor längerem in mein Gartenhaus einbrach? – Ich wollte mich ja um ihn kümmern, aber es gelang mir nicht", sagte Herr Baumgart.

Andi nickte bestätigend und erklärte: „Ihn und seine Mutter haben wir auch eingeladen. Wir haben es dir nur noch nicht gesagt, weil wir dachten, es könnte dir wehtun."

„Mir wehtun? – Wie sollte es das, wenn die Gemeinde, an der auch ich ein Glied bin, etwas erreicht hat?", fast verwundert kamen diese Worte über Frieders Lippen. „Für euch war es leichter als für mich. Ich bin damals auf eigene Faust zu dieser

Familie gegangen. Ihr wurdet von den vielen Gebeten der Geschwister getragen.“

Andi hatte eine solche Antwort nicht erwartet und wurde verlegen.

„Was ist?“ Baumgart wusste die Veränderung auf den Zügen des Jungen nicht zu deuten.

Um sicher zu gehen, dass Frieder diese Worte nicht nur so herausgerutscht waren, schob Andi die Frage nach: „Hast du nicht ein bisschen Angst davor, mit Hubert zusammenzutreffen?“

„Nein, das habe ich nicht“, versicherte Herr Baumgart nach einer kurzen Pause. „Der Herr Jesus hat doch noch mit weitaus schlimmeren Leuten an einem Tisch gesessen. Und – wenn Er den jungen Mann annimmt, wie komme ich dazu, ihn abzulehnen? – Wenn sich wirklich noch Widerstand in mir regen sollte, dann ist es an mir, mich mit des Herrn Hilfe zu überwinden. – Gut, ich habe zwar noch nirgends eingebrochen, dafür aber andere Schuld auf mich geladen, ich trete auch immer noch daneben und brauche, wie der Junge, die Vergebung. Also habe ich keine Veranlassung, auf ihn herabzusehen.“

Andi Bernau freute sich, dass Frieder schon solche Erkenntnis hatte. Diese Freude ließ Herrn Baumgart aufhorchen und ihm wurde bewusst, dass er vor einem halben Jahr so noch nicht hätte denken können. Also war inzwischen eine Veränderung mit ihm vorgegangen, die allein nur der Herr Jesus bewirkt haben konnte.

Pünktlich um 14 Uhr holte Andi Bernau seinen alten Glaubensbruder am Samstagnachmittag von zuhause ab und brachte ihn zum Gemeindehaus. Während Andi seinem Fahrgast aus dem Wagen half, sagte er: „Ich habe dich zuerst geholt. Jetzt fahre ich zu Hubert und seiner Mutter. Kannst dir inzwischen im kleinen Saal einen guten Platz aussuchen, jetzt hast du bestimmt noch die Auswahl."

So war es auch. Als Frieder den Raum betrat, waren erst wenige Glaubensgeschwister anwesend. Aber schon kurz nachdem er sich auf einem Stuhl niedergelassen hatte, füllte sich der Saal. Schließlich kamen in Andis Begleitung auch Hubert und seine Mutter durch die Tür. Beide schauten sich verlegen und gehemmt um. Hubert schien nach Frieder zu suchen. Eigenartigerweise brachte es Baumgart aber nicht fertig, auf sich aufmerksam zu machen, sondern blieb ruhig auf seinem Platz sitzen. Trotzdem entdeckte ihn der Junge schon bald und sprach mit Andi. Der schaute sich kurz um und ließ sich mit Hubert und dessen Mutter in Frieders Nähe nieder.

Das eigenartige Gefühl, das ihn schon daran gehindert hatte, auf sich aufmerksam zu machen, verstärkte sich bei Herrn Baumgart. Huberts Nähe wirkte irgendwie beklemmend auf ihn. Er hätte nicht gedacht, dass so etwas bei ihm noch geschehen könnte. – Es bestand offensichtlich ein erheblicher Unterschied zwischen dem, was man wusste, und dem, was man in die Tat umzusetzen bereit war. Bei ihm – das ging ihm jetzt auf – stimmte Wissen und Handeln noch nicht überein ...

Plötzlich ärgerte es ihn, dass er zu Andi so offen gewesen war und groß über die Vergebung gesprochen hatte. Der Junge würde nun merken, dass es ihm schwerfiel, freundlich mit Hubert umzugehen. Wie sollte er ihm diese Diskrepanz erklären? – Frieder bemerkte, dass ihm heiß wurde.

Du musst einen hochroten Kopf haben, überlegte er und nahm sich vor, sein Innerstes nie wieder nach außen zu kehren. Es ließ sich wohl einfacher leben, wenn man sich vor anderen nicht öffnete und nicht festlegte ...

Augenblicke später durchzuckte ihn die Frage: *Was denkst du da? – Mit Gottes Wort hat das nichts mehr zu tun! In der Bibel geht es um Offenheit, um Klarheit und Eindeutigkeit.*

Nicht lange und Frieder ging auf, dass die ganze Situation ihre Wurzel in seinem Stolz hatte, dass da eine Stimme war, die ihm einflüsterte, es sei unter seiner Würde, sich mit einem solchen Menschen näher einzulassen. Dem, das wusste er längst aus seiner Beschäftigung mit Gottes Wort, musste mit der Hilfe des Herrn durch persönliche Überwindung begegnet werden …

Es ist doch gut, dass ich mich bei Andi so festgelegt habe, sagte er sich. *Das ist der Anstoß zur Überwindung. Hätte ich mich nicht so klar geäußert, würde ich nicht so hart gegen mich selbst sein. Es ist nämlich nicht angenehm, gegen sich selbst zu kämpfen …*

Doch mit einem Mal war Frieder Baumgart hindurch. Er hatte zwar nicht viel von dem, was bei dieser Feierstunde geschah, mitbekommen. Aber die wenigen, gestotterten Worte von Hubert waren bei ihm haften geblieben: „Der – der heutige – der Tag –, der ist der schönste in meinem – in meinem bisherigen Leben. – Das – das ist alles, was ich sagen möchte. – Wir – meine – meine Mutter und ich –, wir möchten uns bedanken, – wir möchten euch danken, dass ihr – für alles, was ihr uns getan habt …“ Hier hatte Hubert abgebrochen, weil er weinen musste. Auch seiner Mutter waren die Tränen gekommen.

Trotz des Wenigen, das er sich gemerkt hatte, konnte Frieder aber nicht sagen, dass diese Zusammenkunft vertane Zeit für ihn gewesen sei. Er hatte in seinem Glaubensleben ja einen wesentlichen Schritt nach vorne getan. Er konnte nun offen mit dem Jungen, der ihm materiellen Schaden zugefügt hatte, umgehen.

Während der Heimfahrt sagte Herr Baumgart zu Andi: „Jetzt beginnt mein ‚Jahr für Gott'. Meines geht nur in eine andere Richtung als das deine. Du betreust alte Menschen und ich werde einen jungen Menschen betreuen. Ab heute werde ich mich laufend um Hubert kümmern."

Auf dem Weg nach Hause

Es war noch vollkommen dunkel, als Patrick Pelzer erschrocken hochfuhr. Was hatte ihn aus dem Schlaf gerissen? – Er wusste es nicht. Wahrscheinlich lag es an seiner Erkältung. Bei diesem nasskalten Wetter hatte er sich eine tüchtige Bronchitis eingefangen. Jetzt fror ihn auch wieder. Er zitterte am ganzen Körper und schloss daraus, dass er Fieber hatte. – Langsam legte er sich wieder zurück und kroch tiefer in das Stroh …

Dieses verpfuschte Leben war schon grauenhaft. Während andere sich auf der bequemen Couch vor dem Fernseher wälzten und vor Wohlergehen nicht wussten, was sie anstellen sollten, hatte er kein Dach über dem Kopf und musste jeden Abend zusehen, wo er die Nacht über blieb. Heute hatte er Glück gehabt, dass er diese unverschlossene Feldscheune gefunden hatte, und noch dazu vor dem einsetzenden Regen. Selbst jetzt goss es noch wie aus Kübeln. Patrick hörte das heftige Trommeln der Regentropfen auf dem Blechdach der Scheune und wurde an das eifrige Picken eines Hühnervolkes erinnert. Nach einer Weile wirkte dieses Geräusch beruhigend auf ihn, und er schlief wieder ein.

Doch es war kein tiefer, erholsamer Schlaf, in den Patrick Pelzer sank. Er wälzte sich unruhig hin und her und sah in seinen Fieberträumen qualvolle Bilder, die durch Erlebnisse vergangener Trips unterbrochen wurden. Schließlich zuckte er wieder zusammen und war wach. Noch immer war es nicht hell geworden. Das lag aber wohl an der fensterlosen Scheune und dem trüben Wetter. Der Zeit nach hätte das Dunkel gewichen sein müssen. So lag Patrick auf dem Rücken im Strohstapel und starrte in das eigenartige Grau unter dem Dach. Mit einem Mal griff die Angst nach ihm. Sie kam aus der Finsternis und umkrallte ihn mit mächtigen Klauen …

Da – plötzlich greinte die Scheunentür in den rostigen Angeln. Patrick kannte das Geräusch. Als er am Abend das Scheunentor vorsichtig geöffnet hatte, war es das gleiche Greinen gewesen.

Ist da wer – oder narrt mich nur das Fieber?, fragte er sich und lauschte zur Tenne hinunter. *Ich will sterben, jetzt, hier auf der Stelle, damit dieses elende Leben aus, endlich vorbei ist!*, dachte er weiter und hielt die Ohren gespitzt.

Wieder war das Knarren des Scheunentores zu hören. Kein Zweifel, da war wirklich jemand gekommen! Aber, wer mochte das sein? – Das Fieber erschwerte es Patrick, konzentriert zu denken. Trotzdem folgerte er, dass der andere nur der Scheunenbesitzer sein konnte.

Patrick erschrak. *Wenn der mich hier findet, ist was los – bestimmt!*

Er richtete vorsichtig den Oberkörper auf und starrte in die Dämmerung der Scheune. Auf dem Strohstapel war niemand auszumachen, und bis auf die Tenne konnte Patrick Pelzer von seinem Lager aus nicht sehen. – Klar und deutlich hörte er das heftige Trommeln der Tropfen auf dem Scheunendach und wusste, dass der Regen noch nicht nachgelassen hatte. – Dann waren von der Tenne her Schritte zu hören, sie klangen schwerfällig. – Plötzlich brachen sie ab, und außer dem Trommeln des Regens auf dem Dach war nichts mehr zu hören …

Patrick meinte nun, doch einem Fiebertraum aufgesessen zu sein. Aber die Stille erschien ihm unheimlich. Augenblicke später zuckte Pelzer zusammen. Auf der Tenne war jemand gegen etwas gestoßen und schimpfte leise vor sich hin. Also war doch ein Mensch in der Scheune! Patrick war plötzlich hellwach und riss die Augen weit auf. Er konnte den anderen zwar noch immer nicht sehen, hörte ihn aber über die Leiter auf den Strohstapel kommen und wühlte sich tiefer in sein Lager.

Nicht lange und der vermutete Scheunenbesitzer begann auf dem Stapel zu hantieren. Pelzer schloss aus dem Geräusch, dass er mit einer Gabel Strohballen auf die Tenne warf. Noch während er so überlegte, fuhren die eisernen Gabelzinken dicht neben seinem Bein ins Stroh. Patrick schrie erschrocken auf.

Der Schrei sprang den Bauern regelrecht an, packte ihn eiskalt und ließ ihn starr stehen. Als er sich mühsam gefasst hatte, fragte er in die Dämmerung hinein: „Ist da wer?“

Patrick Pelzer stöhnte, warf sich auf die andere Seite und hatte das Bedürfnis, sich vor Angst tiefer in das Stroh zu verkriechen, was ihm aber nicht gelang.

„Wo bist du?“, fragte der Bauer.

„Hier. Ich habe Fieber“, gab Patrick zurück, ohne sich aufzusetzen.

Der Bauer begann zu suchen. Er fand Pelzer aber nicht und fragte wieder: „Wo bist du?“

„Hier.“ Patrick setzte sich jetzt auf und der Bauer nahm ihn, so gut das in dem Halbdunkel der Scheune möglich war, in Augenschein.

„Was tust du hier?“, forschte der Scheunenbesitzer in nicht gerade freundlichem Ton.

„Lass mich, ich will sterben. Ich habe den Kampf, das elende Leben satt!“, antwortete würgend der Fiebernde. Dann hustete er laut und keuchend.

„Wo kommst du her?“, wollte der Bauer wissen.

Patrick blieb ihm die Antwort schuldig.

„Bist du schon lange hier?“ Der Bauer fand, dass er ein Recht darauf hatte, Näheres über die Leute zu erfahren, die sich in seiner Scheune einquartierten.

„Seit gestern Abend. Jetzt lass mich“, Pelzers Ton verriet, dass er nun in Ruhe gelassen werden wollte.

Diesen Gefallen tat ihm der Scheunenbesitzer aber nicht. „Jetzt sag schon, wo du herkommst!“, forderte er.

„Von irgendwo!“, entgegnete Patrick unendlich müde und hoffnungslos.

„Ich weiß schon. Du bist unterwegs, ein Tippelbruder“, stellte der Bauer in den Raum und wartete auf eine Bestätigung.

Die kam nur indirekt. „Ja, ich bin unterwegs. – Nein, ich bin am Ende, verstehst du? – Ich will nicht mehr, ich bin am Ende und will nur noch sterben!“

Horst Puttkammer, der Scheunenbesitzer, machte eine Pause. Der zu seinen Füßen im Stroh sitzende Mensch tat ihm plötzlich leid. „Du wirst nicht sterben, wann du willst, sondern wann Gott will“, sagte er bedächtig.

Patrick Pelzer konnte keine Antwort geben, weil ihn ein Hustenanfall überfiel und schüttelte. Zum Schluss stöhnte er laut und tief.

„Weißt du was, du kommst mit mir nach Hause und ich hole einen Arzt“, schlug Puttkammer vor.

„Nein, lass nur, es lohnt sich nicht. Ich will wirklich sterben, verstehst du? Lass mich in Ruhe!“, wehrte Pelzer ab.

„Ich sagte dir schon, dass Gott den Zeitpunkt …“

„Darauf brauch ich nicht zu warten. Ich kann auch selbst …“

„Das würde ich dir auf keinen Fall raten“, kam es entschieden über die Lippen des Bauern. „Du möchtest doch Ruhe haben? – Die findest du auf diesem Weg aber nicht – in alle Ewigkeit nicht!“

Patrick schwieg. Die Entschiedenheit des Bauern machte ihn stutzig. So hatte er noch niemand über

Dinge reden hören, die nach dem Tod kamen. Woher wollte dieser Mann das wissen?

Puttkammer erahnte Pelzers Gedanken und fuhr fort: „Das Leben hat sich keiner selbst gegeben, es wurde jedem von Gott, der selbst das Leben ist, geschenkt. Deshalb darf sich keiner am Leben vergreifen. Wer es trotzdem tut, steht nicht im Einklang mit dem Willen Gottes und wird von daher auch keine Ruhe finden. Denn diese ist nur denen verheißen, denen Gott durch den Herrn Jesus Christus zum Vater wurde."

Patrick schwieg betroffen weiter und der Bauer fragte: „Wie alt bist du?"

Was geht das ihn an?, dachte Pelzer, dem die Frage irgendwie nicht passte. Jetzt schwieg auch Puttkammer, und man hörte draußen das Regenwasser die Dachrinne herunterstürzen.

Patrick wusste: *Er wird nicht eher wieder reden, bis ich seine Frage beantwortet habe.* – „Vierundzwanzig bin ich", presste er deshalb hervor und schob nach: „Damals war ich achtzehn ..."

„Wann damals?", wollte Horst Puttkammer wissen.

„Als wir die ersten Joints rauchten."

„Wer sind die Wir?"

„Meine besten Freunde. Sie waren alle älter als ich“, abgehackt, immer wieder vom Husten unterbrochen, stieß es Patrick hervor.

„Warum bist du nicht von ihnen weggeblieben?“

„Ich konnte nicht. Ich war von zuhause weggelaufen und sie hatten mich in ihre Wohngemeinschaft aufgenommen. Wenn ich wieder gegangen wäre, oder sie mich rausgeworfen hätten, hätte ich auf der Straße gesessen und das wollte ich nicht.“

Puttkammer merkte, dass den jungen Mann das Sprechen anstrengte, und er sagte: „Du brauchst nicht mehr zu reden, mir reicht das.“

„Ich will aber reden. Trotz allem. Ich hab schon zu lange geschwiegen, denke ich“, hielt Pelzer dagegen.

„Kann ich dir helfen?“, erkundigte sich der Bauer.

„Das glaube ich nicht“, kam es schwach aus dem Stroh zurück. „Ich habe Angst und die Angst kann mir niemand nehmen. – Keiner, auch du nicht!“

„Das stimmt. Ich kann das nicht“, nickte Puttkammer, „aber ich kenne Einen, der das kann. Er hat die Angst getragen, um sie uns abzunehmen. Deshalb heißt Er auch Erlöser. Du, und der erlöst auch dich, nicht nur von deiner Angst, auch von aller Schuld, die du auf dich geladen hast, wenn du dein Leben Ihm übergibst. – Glaubst du das?“

„Ich weiß es nicht. Aber ich habe schon davon gehört.“

„Von wem hast du das gehört?“

„Von meiner Mutter. Es ist aber schon lange her. Hin und wieder hat sie mal was davon gesagt, wie mir jetzt einfällt.“

Horst Puttkammer bemerkte, dass es den jungen Mann einige Mühe kostete, gleichgültig zu wirken. „Wo ist deine Mutter?“, fragte er.

„Sie ist schon lange tot. – Sie hat es gut. – Sie hat alles hinter sich – alles geschafft.“

„Jetzt verstehe ich dich nicht mehr. Vorher sagtest du, dass du vor dem Tod Angst hast. Jetzt behauptest du, dass es deine tote Mutter gut hat. Wenn es die Toten gut haben, warum hast du dann vor dem Tod Angst?“

Puttkammer wartete vergeblich auf Antwort und fragte weiter: „Glaubst du, dass es nach dem Tod ein Weiterleben gibt?“

„Vielleicht. Ich weiß es nicht“, kam nach langem Überlegen die Antwort. „Mir ist schrecklich angst davor.“

„Wovor?“

„Vor allem. Vor dem Tod und dem, was danach kommt.“

„Die Angst, wie groß und schrecklich sie auch sein mag, hilft da aber nicht weiter. Der Tod kommt einmal zu jedem Menschen, das steht unabänderlich fest. Deshalb ist es wichtig, dass man sich beizeiten darauf vorbereitet", versuchte der Bauer die Sprache auf das Evangelium zu bringen.

„Klar, einmal sind wir alle dran!", stieß Patrick seufzend hervor. „Aber es kommt immer zu früh."

Puttkammer horchte auf und schüttelte verständnislos den Kopf. „Du hast doch vorher gesagt, dass du nicht mehr leben möchtest."

„Will ich auch jetzt nicht mehr. Aber ich habe trotzdem Angst."

„Dann nimm doch das Angebot wahr. Komm zu dem, der dir die Angst nehmen möchte."

Puttkammer meinte, ein Zucken bei seinem Gegenüber bemerkt zu haben. Und soweit er die Züge des jungen Mannes im Dämmerlicht der Scheune erkennen konnte, schien sein Vorschlag bei ihm auf keine Gegenliebe zu stoßen.

„Ich bin müde", sagte Patrick, während er sich zurück ins Stroh fallen ließ und hustete.

„Dann komm mit mir nach Hause. Wir haben noch ein Bett für dich. Du kannst bei uns bleiben, bis du wieder gesund bist", schlug Puttkammer vor.

Pelzer gab darauf keine Antwort. „Gibt es wirklich eine Erlösung?", fragte er nach einer Pause. „Ich suche sie schon seit Jahren. Zuerst habe ich's mit dem Joint versucht, dann mit der Spritze, der Fixe, verstehst du?"

Puttkammer schwieg.

„Ich möchte glauben, dass es eine Erlösung gibt." Pelzer sagte es fast flehend.

„Es gibt sie auch. Aber nicht die, die du suchst. Sie ist anders", versicherte Puttkammer in ruhigem Ton.

„Ich ..." Patrick wurde von einem neuen Hustenanfall geschüttelt. Dann kroch wieder die Kälte an seinem Körper hoch. Er kauerte sich zusammen, zog die Beine an die Brust und zitterte zum Erbarmen.

„Du kommst mit mir nach Hause, verstanden?", sagte der Bauer, und sein Ton verriet, dass er keine Ablehnung wünschte.

Prompt nickte Patrick auch zustimmend.

Nachdem Puttkammer seinen Wagen mit Stroh beladen hatte, ließ er den Traktor an, bat den jungen Mann neben sich in die Fahrerkabine und fuhr zu seinem Hof.

Hier wurde Pelzer ein heißer Tee und ein ebensolches Bad zubereitet. Dann bekam er von der

Hausfrau sein Zimmer zugewiesen. Etwa eine Stunde später erschien Puttkammers Hausarzt, untersuchte Patrick eingehend und verordnete ihm Bettruhe und verschiedene Medikamente.

Als Pelzer einige Tabletten geschluckt hatte, schlief er ein. Aber es war kein beruhigender Schlaf. Vom Fieber gequält wälzte er sich hin und her und durchlebte in Träumen die verschiedensten Stationen seines Lebens. Manche davon waren sehr unangenehm und machten ihm arg zu schaffen …

Am ganzen Körper zitternd schreckte er plötzlich auf und wusste, dass sein Zittern weniger vom Fieber als von der unbändigen Angst herrührte, die ihn erneut befallen hatte. In seiner Not rief er laut nach dem Bauern.

Kaum hatte der das Zimmer betreten, fragte Patrick hektisch: „Kann ich dir alles sagen? Ich will, ich muss es loswerden!“

„Wenn du willst, dann rede. Ich höre dir zu, solange du magst“, sagte Puttkammer, zog einen Stuhl ans Bett und setzte sich.

Doch der im Bett Liegende sagte zunächst kein Wort. Dann setzte Patrick wieder an: „Meine Mutter hatte es nicht leicht. Sie hat viel geweint. Wir Kinder sollten es nicht sehen. Aber sie hatte oft rote Augen und blickte ganz traurig. Das war für uns deutlich genug, wir wussten dann Bescheid.

Mein Vater verstand uns Kinder nicht. Er wollte immer Recht haben und duldete keinen Widerspruch. Dann baute er einen schweren Verkehrsunfall und wurde wegen fahrlässiger Tötung verurteilt. Danach begann er zu trinken und war nur noch selten nüchtern. Meine Mutter und ihre Geschwister warnten ihn. Aber er wollte nicht einsehen, dass er in die verkehrte Richtung ging und dies der Anfang vom Ende sei.

Als er wieder einmal stark angetrunken war, kam es zwischen uns beiden zu einem heftigen Streit, der in einer handgreiflichen Auseinandersetzung endete. Von da an gab es zwischen uns kein Verstehen mehr. Ich zog aus und fand Anschluss in der Wohngemeinschaft. Dort gefiel es mir anfangs sehr gut. Ich wurde anerkannt und mit meiner Meinung ernst genommen.

Dann kam ich dahinter, dass die Leute in der Wohngemeinschaft Haschisch rauchten. Ich wollte da nicht mittun und sagte es auch. Sofort wurden alle mir gegenüber misstrauisch. Sie hatten Angst ich würde sie verpfeifen und bearbeiteten mich, doch auch zu rauchen. Weil sie spottbillig an den

Stoff kamen und ich nicht als Außenseiter dastehen wollte, ließ ich mich breitschlagen und tat mit.

Monate später zogen die Preise für den Stoff gewaltig an. Weshalb das so war, habe ich nicht herausbekommen. Jetzt zeigte sich, dass ein Teil der Leute die Joints nur zum Spaß geraucht hatten. Sie waren nicht bereit die hohen Preise zu zahlen und stellten das Rauchen ein. Ich gehörte leider zu denen, die sich an den Rausch und das damit verbundene Vergessen gewöhnt hatten und nicht von den Joints loskamen.

Schon nach einigen Tagen ging mir das Geld aus. Die Dealer waren aber nicht bereit, mir zuliebe die Preise herunterzusetzen. Ich kam in große Schwierigkeiten und begann, wie die anderen Süchtigen, zu stehlen, um das Geld für weiteren Stoff zu haben.

Weshalb das so laufen musste, weiß ich nicht. Aber ich war der Erste aus der Wohngemeinschaft, der beim Stehlen erwischt und von den WG-Leuten an die Luft gesetzt wurde. Mit der Polizei wollten sie so wenig wie möglich zu tun haben. Sie warfen mich ganz einfach hinaus, wie man einen lästigen Hund wegjagt. Das tat weh. – Kannst du dir das vorstellen?“

Puttkammer nickte schweigend.

„Ich fühlte mich tief gekränkt und empfand es als großes Unrecht“, fuhr Patrick fort, nachdem er ein paar Mal kräftig gehustet hatte. „Die WG-Leute waren auch ungerecht, ich stehe noch heute dazu. Ihnen hatte ich schließlich meine Rauschgiftabhängigkeit zu verdanken. Sie hatten mir den Umgang mit Joints beigebracht. Doch als ich ihnen nachgegeben hatte, abhängig geworden und mit der Polizei in Berührung gekommen war, war ich für sie erledigt ...

Kurz entschlossen fuhr ich nach Amsterdam und lebte ein knappes Jahr mit anderen Abhängigen auf einem abgestellten Hausboot in den Grachten. Hier nahm ich auch härtere Drogen und erlebte die ersten großen Trips. Zunächst waren sie angenehm und bewusstseinserweiternd, dann verursachten sie Albträume und Horror-Räusche.

Nach einiger Zeit stieg ich um und begann zu spritzen. Weil ich das Zeug aber nicht bezahlen konnte – ich arbeitete ja nichts –, beteiligte ich mich an Apothekeneinbrüchen. Einmal stahlen wir sogar bei einem Arzt Rezepte und fälschten sie. So kam ich mit der niederländischen Justiz in Berührung. Nach der Verurteilung wurde ich abgeschoben – wieder weggejagt wie ein räudiger Hund. Ich war zu einem unliebsamen Ausländer geworden und wurde in den Niederlanden zur unerwünschten Person erklärt ...“

„Kannst du das nicht verstehen?“, fragte der Bauer dazwischen.

Patrick stutzte. Bisher hatte er noch nie versucht, die Sache von der Gegenseite aus zu betrachten. Er hatte nur sich und folglich nichts als Verletzungen gesehen. Aber die Menschen in seiner Umgebung verletzten nicht nur ihn, er verletzte auch sie. Doch diese Erkenntnis war ihm unangenehm. Deshalb fiel seine Antwort auch nur kurz aus und er wandte sich wieder seiner Geschichte zu.

„Nach meiner Rückkehr aus den Niederlanden begann ich quer durch die Bundesrepublik zu wandern. Innerlich war ich ausgebrannt und leer. In Frankfurt stieß ich auf einen Kreis von Fixern und fand Anschluss bei ihnen. Damit hing ich wieder an der Spritze. Das Heroin half mir über die dunklen Stunden und Selbstmordsehnsüchte hinweg. Es erlöste mich für einige Stunden von meiner Wirklichkeit. Aber ich hatte kein Geld und versuchte auf jede sich mir bietende Möglichkeit welches zu bekommen. Wie nicht anders zu erwarten, wurde ich eines Tages geschnappt und kam wieder vor den Kadi. Jetzt folgten Fürsorge, Rehabilitierungsversuche und freiwillige Entziehungskur.

Kurz nach meiner Entlassung kam der Rückfall. Ich hielt das, was als Freiheit bezeichnet wird, nicht aus und griff wieder zur Spritze. Wieder wurde ich geschnappt und der bekannte Kreislauf setzte von Neuem ein. Die Entziehung ist das Schlimmste. Aus ihr bin ich auch abgehauen und liege nun hier bei Ihnen im Bett."

Horst Puttkammer sah nachdenklich auf den Kranken vor sich. Obwohl er das Gehörte als große Schuld sah und in keiner Weise zu rechtfertigen versuchte, tat ihm dieser junge Mensch unbeschreiblich leid. Sein bisheriges Leben war verpfuscht und seine Zukunft hieß ewiges Verderben. Dabei hatte Gott auch über ihn Gedanken des Friedens, wollte, dass auch er ewiges Leben hatte. Aber in seiner Verblendung schlug der junge Mann die Bedingungen dazu aus. Das war schon zum Weinen; und tatsächlich rollten Horst Puttkammer auch einige Tränen über die Wangen …

„Glaubst du wirklich – ganz fest –, dass es eine Erlösung gibt?", fragte Patrick Pelzer mit einem Mal und in seiner Stimme schwang Sehnsucht mit.

„Ja. Ich habe da keinen Zweifel. Wenn ich daran zweifeln würde, hätte ich mich dem Herrn Jesus niemals anvertraut. Ich weiß, dass ich nur einmal auf dieser Erde bin. Deshalb würde ich mein Leben unter keinen Umständen auf eine schwammige Sache gründen. Ich würde mich auch hüten, das anderen zu empfehlen", versicherte Puttkammer.

„Das ist gut!" Auf das Gesicht des Kranken legte sich ein Leuchten. Aber so rasch es gekommen war, verflog es auch wieder. „Ob auch ich diese Erlösung und die Vergebung meiner Schuld haben kann?", fragte er leise und unsicher.

„Auch da habe ich keinen Zweifel. Der Herr Jesus sagt, dass Er keinen von sich stoßen wird, der zu Ihm kommt …"

„Aber mein ganzes Leben ist verpfuscht. Bis jetzt ging bei mir alles schief, wirklich alles. Ich habe große Schuld auf mich geladen!", unterbrach Patrick.

„Der Herr sagt uns in Seinem Wort, dass er für alle Schuld gestorben ist und alle Schuld, die Ihm gebracht wird, gerne vergibt. Dabei hat Er nicht von der Größe der Schuld gesprochen. – Er ist so groß, dass Er auch die größte Schuld vergeben kann. Verlass dich darauf", erklärte Puttkammer und sah den im Bett Liegenden hoffnungsvoll an …

Plötzlich wurde Patrick von einem Hustenanfall gequält und verlangte nach seinen Tropfen. Horst gab sie ihm. Schon nach kurzer Zeit ließ der Anfall nach. Patrick lag wieder ruhig in den Kissen und dachte nach. „Wenn es wirklich so wäre, wäre das eine wunderbare Sache. – Aber ich kann es mir nicht vorstellen“, meinte er schließlich und war auf die Reaktion des Bauern gespannt.

Der machte eine kurze Pause und erklärte ruhig: „Durch unser Reden wird sich wohl nichts verändern. Wir haben lange genug darüber gesprochen, jetzt sind die entsprechenden Schritte erforderlich. Weißt du, mit den Glaubenserfahrungen ist es ähnlich wie mit einer Apfelsine. Ich kann dir lange etwas darüber erzählen, wie gut sie schmeckt. Aber am Ende wirst du mir entgegenhalten können: ‚Das kann ich mir nicht vorstellen.‘ Dann hilft nur noch eines: Beiß hinein! Alle Fragen über ihren Geschmack werden sich dann beantwortet haben. So ist es auch hier.“

„Das leuchtet mir ein“, bestätigte Patrick nach kurzem Überlegen. „Aber gibt es auch dafür in der Bibel – auf die du dich immer berufst, weil nur das, was in ihr steht, letztlich stichhaltig sein soll – einen Anhaltspunkt?“

„Natürlich, sonst hätte ich das schon gar nicht gesagt“, versicherte Puttkammer. „Da gibt es die Geschichte vom so genannten verlorenen Sohn. Vielleicht kennst du sie sogar?“

„Nicht richtig. Ich habe nur schon von ihr gehört“, entgegnete Patrick und war gespannt darauf, was ihm sein Gastgeber erklären werde.

„In dieser Geschichte gibt es auch einen jungen Mann, der gewaltige Schuld auf sich lud“, fuhr Puttkammer fort. „Er versackte total und landete am Schweinetrog. Doch hier kam er zur Besinnung und kehrte um. Sein Vater wies ihn nicht ab, er machte ihm noch nicht einmal Vorhaltungen, sondern schloss ihn freudig in die Arme und sagte: ‚Dieser mein Sohn war tot und ist wieder lebendig geworden, war verloren und ist gefunden worden.‘ Und dieser Vater steht für Gott und der Sohn für einen reumütigen Sünder.“

Wieder legte sich das Leuchten auf Patricks Züge. „Wenn das so ist, dann gibt es auch für mich noch Hoffnung, dann kann noch alles gut werden und mein Leben einen Sinn erhalten.“

„Natürlich. Es ist Gottes Wille, dass du als Sein Geschöpf auch Sein Kind sein sollst.“ Jetzt war Horst Puttkammer darauf gespannt, welche Reaktion seine Worte auslösten.

Außer, dass er scharf nachdachte, tat sich bei dem im Bett Liegenden zunächst aber nichts. Dann brach es aus ihm hervor: „Okay, ich bin ein Geschöpf Gottes, das ist klar. Aber, was hat es mit dem Kind auf sich? Wie kann man Gottes Kind werden – weshalb soll man es überhaupt werden?“

Puttkammer legte seine Hand auf die Schulter des Kranken, lächelte ihn freundlich an und meinte: „Nur ruhig. Eines nach dem anderen. Gottes Kind wird man durch Jesus Christus. Der Herr sagt uns nämlich in seinem Wort: ‚Ich bin der Weg ... Niemand kommt zum Vater, als nur durch mich.‘ “

Patrick nickte verstehend.

„Nun zum nächsten Punkt. Die Bibel sagt uns, dass, wer den heiligen Gott während dieses Erdenlebens nicht zum Vater bekommt, der wird ihn nach diesem Leben zum Richter haben, vor dem niemand, so wie er ist, bestehen kann. Deshalb ist es äußerst wichtig, dass man durch den Herrn Jesus die Erlösung seiner Schuld erfährt ...“

Patrick erschrak und riss die Augen weit auf. „Das – das würde ja hei-heißen“, stotterte er, „dass – dass mein Leben, so wie ich es bisher gelebt habe, verpfuscht ist und – und wenn sich nichts ändert, – für ewig verpfuscht bleiben wird!“

„So ist es. Ich möchte dich nicht betrügen und kann dir deshalb nur diese Antwort geben“, bestätigte Puttkammer.

Pelzer sah ihn weiter mit großen Augen an, als hoffte er darauf, doch noch eine günstigere Antwort zu erhalten.

Puttkammer erahnte die Gedanken des Kranken und schüttelte den Kopf.

Patrick wandte seinen Blick von dem Bauern ab und starrte schweigend zur Zimmerdecke. Nach einer Weile drehte er sich dem Hausherrn ruckartig zu und stieß hervor: „Ich möchte ein Kind Gottes werden! – Wie macht man das? – Zeig es mir! – Du weißt doch Bescheid! – Oder?“

Horst Puttkammer nickte und erklärte dem Patienten, dass er alle ihm bewusste Schuld im Gebet vor dem Herrn bekennen, Ihn um Vergebung bitten und sein ganzes Leben in dessen Hände befehlen könne.

„Sofort – das will ich sofort tun!“, entschied Patrick, setzte sich im Bett auf und faltete die Hände. „Ich will den ganzen Quatsch schnell los werden, ich will nichts mehr damit zu tun haben. Dieser elende Quatsch ...!“

Puttkammer nickte verständnisvoll und faltete ebenfalls die Hände.

Augenblicke später breitete der junge Mann in ungelenken Worten und abgehackten Sätzen sein ganzes Leben aus. Er verschwieg nichts und hatte erschütternde Dinge zu berichten. Zum Schluss bat er den Herrn Jesus, ihm dabei zu helfen, dass er sich zukünftig nicht mehr nach den eigenen Vorstellungen und Lüsten richten müsse, die ihn in den Abgrund gezogen hatten, sondern dass er nach den hilfreichen Vorgaben der Bibel leben könne.

Dann lächelte er erleichtert und glücklich. Aber das lange Reden hatte ihn angestrengt und er konnte nicht verbergen, dass er müde war. Doch bevor er sich wieder zurücklegte, reichte ihm der Hausherr die Hand und gratulierte ihm zu seinem neuen Leben.

Patrick wusste nichts damit anzufangen und blickte irritiert.

Puttkammer erklärte ihm: „Durch deine Hinwendung zu Jesus und die Vergebung deiner Schuld hast du nun neues Leben erhalten."

Der junge Mann nickte verstehend. Dann drehte er sich auf die rechte Seite und schloss die Augen.

Kurz danach erhob sich der Hausherr von seinem Stuhl und verließ leise das Zimmer.

Tage später war Patrick Pelzer wieder genesen und konnte das Bett verlassen. So recht freuen konnte er sich darüber aber nicht. Von seinen Zügen war das Leuchten gewichen und hatte einer tiefen Nachdenklichkeit Platz gemacht. – Was hatte er davon, dass er wieder gesund war? – Was nutzte ihm sein neues Leben mit Jesus ...?

Die vergangenen Tage waren sehr schön gewesen. Seit Jahren hatte er es nicht mehr so gut gehabt wie in den letzten Wochen. Dem setzte seine Genesung aber nun ein Ende. Er konnte ja nicht für immer bei den Bauersleuten bleiben und würde in den nächsten Tagen von ihnen Abschied nehmen müssen. Dann war die Straße wieder sein Zuhause. Patrick wusste sehr wohl, was da auf ihn wartete. Das ganze Elend seines verpfuschten Lebens würde wieder über ihn hereinbrechen – trotz des neuen Lebens ...

Eine Rückkehr in seine frühere Umgebung – von einem Zuhause wollte er in diesem Zusammenhang nicht reden – konnte ihn nicht vor einer erneuten Bauchlandung bewahren. Im Gegenteil, er war überzeugt, dass er dort viel eher abstürzen würde als sonstwo. Die alten Kumpel würden ihren Teil dazu beitragen, ohne Böswilligkeit. Echt, das konnte er ihnen wirklich nicht unterstellen. Sie dachten ganz einfach nur zu kurz. – Ja, sein Leben war und blieb halt verkorkst. Das schmerzte in einer für Patrick unbekannten Weise. Schon bald meinte er auch, dafür eine Erklärung gefunden zu haben. Sein neues Leben war an diesem neuen Schmerz schuld! Daran hatte er große Hoffnungen geknüpft, hatte gemeint, jetzt nicht mehr rückfällig werden zu müssen. Aber nun wurde er doch wieder in das alte Milieu gestoßen, dem er sich nicht, oder besser gesagt, noch nicht gewachsen fühlte. – Im Gegensatz zu früher gab es für ihn, wenn er wieder rückfällig wurde, jetzt keine Hoffnung mehr. Bisher hatte er gemeint, dass es irgendwo noch Rettung geben könnte, er hatte da an den Glauben gedacht. Das mit dem Glauben hatte er nun in Angriff genommen. Wenn das schiefging, war alles aus! – Das musste dem Herrn Jesus in seiner Allwissenheit doch auch klar sein. Warum führte Er es deshalb nicht so, dass er, Patrick Pelzer, nicht wieder in die alte Umgebung zurück musste, die für ihn viele Gefahren in sich barg?

Mit Verwunderung beobachteten die Puttkammers schon seit Tagen, dass ihr Gast traurig umherging. Was mochte er haben? – Ihrer Ansicht nach hatte er keine Veranlassung, sich so zu geben. Sie taten das in ihren Kräften Stehende, damit er sich wohlfühlen konnte. Zudem – und das war das Wichtigste – war er vom Herrn gefunden worden. Er war in sein himmlisches Vaterhaus gekommen und hatte somit – ganz gleich, was noch kommen mochte – eine wunderbare Zukunft. Also, was war mit ihm los?

Schließlich sprach ihn Herr Puttkammer darauf an. Patrick gab offen Auskunft und der Bauer fragte: „Wer hat dir denn gesagt, dass du wieder in deine alte Umgebung zurück musst?“

Pelzer stutzte. Wer hatte ihm das gesagt? – Eigentlich niemand. Er hatte es angenommen, es sich selbst eingeredet und sich das Herz schwer gemacht. Es wäre wohl klüger gewesen, sofort mit Horst und seiner Frau über die Sache zu reden, anstatt sich zurückzuziehen und sich seinen unguten Vorstellungen hinzugeben. Dann hätte er etwas Konkretes als Ausgangspunkt seiner Überlegungen gehabt, aber so ...

„Wir, meine Frau und ich“, fuhr Puttkammer fort, „hatten uns gedacht, dir anzubieten, dass du bei uns eine neue Heimat haben kannst, vorausgesetzt, dass du willst. – Du weißt ja, dass wir keine Kinder haben. Wir würden dich – immer vorausgesetzt, dass du damit einverstanden bist – als unseren Sohn annehmen. – Wie stehst du dazu?“

Patrick verschlug es die Sprache. Er konnte keine Antwort geben, eine ganze Weile nicht. Er sah die

Bauersleute nur mit großen Augen an und dachte zu träumen. Erst als er sich in das rechte Ohr kniff und einen stechenden Schmerz verspürte, wusste er, dass er wach und alles Wirklichkeit war ...

Ja, wie stand er zu dem unterbreiteten Angebot? – Keine Frage, für ihn, der sich in den tiefsten Sumpf des menschlichen Lebens begeben hatte, war das eine wunderbare, eine unvorstellbar große Sache. – Patrick versuchte, das Angebot aber auch aus Sicht der Puttkammers zu beleuchten. Ihm ging auf, dass es für Horst und seine Frau ein enormer Schritt war. Sie brachten ihm ein unbeschreibliches Vertrauen entgegen. War er in der Lage, das zu rechtfertigen?

Patrick machte sich nichts vor und gestand sich ein, dass es mit diesem Angebot ebenso gehen werde wie mit anderen großartigen Sachen auch. Nach einer gewissen Zeit würde sich das Besondere verlieren und damit die entsprechende Dankbarkeit vergehen.

Nur mit der Hilfe des Herrn würde es ihm möglich sein, nicht in die menschliche Undankbarkeit zu verfallen und sich auf Dauer dieses Schrittes würdig zu erweisen. – Übrigens musste die Zugehörigkeit zum Herrn Jesus auch bei den Puttkammers der Auslöser zu diesem Angebot gewesen sein. Ohne dass beide Seiten fest im Glauben verankert waren, war eine solche Sache nicht zu verwirklichen …

„Was ist? Hast du die Sprache verloren?“, erinnerte der Hausherr daran, dass er immer noch auf eine Antwort wartete.

„Ich würde schon“, kam es zögernd über Patricks Lippen. „Aber ich bin es nicht wert. Ich weiß auch nicht …“

„Wer ist es schon wert, dass ihm etwas gegeben wird?“, unterbrach Herr Puttkammer. „Kein Mensch hat es verdient, dass die Sonne über ihm scheint, um nur ein Beispiel zu nennen. So wie Gott uns behandelt, sollen auch wir uns untereinander behandeln. – Deshalb noch einmal, wenn du möchtest, dann willige ein.“

Patrick war nicht fähig ein Wort zu sagen, er fiel Puttkammer um den Hals und weinte. „Danke! Ich bleibe gerne bei euch. Danke!“, stieß er hervor, als er sich etwas beruhigt hatte.

„Weißt du noch, nach was du in der Feldscheune immer wieder verlangt hast?“ Horst sah seinem Gegenüber forschend in die Augen.

„Ich habe vieles gesagt.“ Patrick wusste nicht, auf was Puttkammer hinaus wollte.

„Ich meine deinen Wunsch nach Ruhe. Denke daran, dass du sie jetzt gefunden hast.“

„Es stimmt, ich bin jetzt ruhig geworden. Aber in der Scheune meinte ich eine andere Ruhe: Ich wollte sterben", erklärte Patrick.

„Du bist auch gestorben, nur in einem anderen Sinn, als du es wolltest", wandte Puttkammer ein. „Dein Ich ist in den Tod gegangen und der Herr ist in dir groß geworden. Durch den Tod, den du wolltest, hättest du keine Ruhe gefunden. Jetzt hast du sogar noch mehr: Du hast heimgefunden! Du hast hier ein neues Zuhause und dort steht dir das Vaterhaus offen."

„Das ist schön." Patrick umarmte nochmals den Bauern.

Die Treue ist immer gefragt

Die Hansens waren ausgezogen. Viele Jahre hatten sie sich in der geräumigen Dachwohnung des Einfamilienhauses, von der aus sie einen wunderbaren Blick über die Stadtrandsiedlung genossen, wohlgefühlt. Daran hatte sich bis heute auch nichts geändert. Sie hatten weder an der Wohnung noch an den Lüders, denen das Haus gehörte, etwas auszusetzen. Sie waren nur gebrechlich geworden und hatten Mühe die Treppen zu steigen. Deshalb waren sie auf den Rat ihrer Tochter eingegangen und hatten in deren Nachbarschaft eine Erdgeschosswohnung bezogen.

Obwohl Lüders diesen Schritt verstehen konnten, waren sie doch etwas traurig darüber. Zwischen den

Hansens und ihnen war eine gute Gemeinschaft gewachsen, weil auch sie Christen waren und mit ihnen in die gleiche Gemeinde gingen. Wie sich das Zusammenleben mit den neuen Mietern gestalten würde, war das große Fragezeichen. Sie hatten zwar nicht die erstbesten Leute genommen, die sich auf ihre Zeitungsanzeige hin vorgestellt hatten. Sie waren sehr wählerisch gewesen. Trotzdem war das keine Garantie dafür, dass zu den neuen Mietern ein ebenso gutes Verhältnis zu Stande kam, wie es zu Hansens bestanden hatte.

Die neuen Mieter waren im Gegensatz zu Hansens nicht nur jung und kinderlos, sondern standen auch nicht im Glauben. Das hatten die Neuen mit allen Ehepaaren, die sich um die Wohnung beworben hatten, gemeinsam.

Zunächst belastete das Lüders. Doch dann sagten sie sich: „Uns werden wohl bewusst nur ungläubige Familien zugeführt. Der Herr hält uns wohl für würdig, an ihnen den vom Ihm gebotenen Sämannsdienst auszuüben, Sein Wort bei ihnen auszustreuen!"

Das junge, kinderlose Ehepaar hatte sich am „offensten" gezeigt, als Lüders das Gespräch auf den Glauben brachten, und somit die Wohnung erhalten.

Eine Woche nach Unterzeichnung des Mietvertrages zogen die Falkensteins bei Lüders ein. Martha Lüders und ihre Tochter Esther hielten sich gerade in der Küche auf, als der Kleinlaster mit den ersten Möbelstücken an ihrem Haus vorfuhr. Mutter und Tochter beobachteten vom Fenster aus, wie zwei Männer schwerfällig aus dem Transporter krochen und auf dem Bürgersteig von einem jungen Paar begrüßt wurden.

„Sind das unsere Mieter?“, fragte Esther, die die Neuen noch nicht zu Gesicht bekommen hatte.

„Ja“, antwortete Martha und machte ein Gesicht, das nicht gerade als glücklich bezeichnet werden konnte.

„Sieht ja so aus, als ob dir die Mieter nicht recht wären. Warum habt ihr sie dann genommen?“, wunderte sich Esther.

„Sie waren unter den Bewerbern die angenehmsten. Dein Vater und ich dachten, dass wir ihnen das Evangelium nahebringen könnten“, erklärte die Mutter.

„Das ist doch ein vernünftiger Standpunkt. Dann lass es uns tun. Das ist doch kein Grund für eine Trauermine!“, hielt Esther dagegen.

„Das ist es nicht. Ich kann es dir auch nicht erklären, aber mir ist plötzlich so eigenartig zu Mute.

Ich weiß nicht …“ Frau Lüders brach ab, weil aus dem Treppenhaus lautes Poltern zu hören war.

Esther lief nach draußen, öffnete die Flurtür einen Spaltbreit und schüttelte den Kopf. „Unsere Mieter haben einen Wettlauf die Treppe hinauf gemacht“, berichtete sie, als sie wieder zurückkam.

„Ich weiß nicht, ich weiß nicht …“, Frau Lüders schüttelte verständnislos den Kopf. „Hoffen wir, dass auf dieser Ehe Segen liegt und wir mit den jungen Leuten in rechtem Einvernehmen leben können, so wie mit den Hansens.“

Obwohl Esther den Wettlauf der beiden auch nicht einzuordnen wusste, versuchte sie trotzdem Verständnis für sie zu wecken.

„Ich will die Falkensteins nicht in die berühmte Schublade stecken“, wehrte die Mutter ab. „Aber ich habe schon eine Anzahl Eheleute erlebt, die sich ähnlich wie unsere neuen Mieter verhielten. Nach gar nicht allzu langer Zeit war es mit dem lustigen Spiel vorbei und die Ehe ging in die Brüche.“

„Das muss bei denen ja nicht auch so sein!“ Esther widerstrebte es, so wie ihre Mutter zu denken.

„Gewiss, sie können eine Ausnahme darstellen“, gab Frau Lüders zu und nahm ihre Arbeit wieder auf. Sie wollte sich über dieses Thema nicht mehr unterhalten.

Esther begab sich wieder an den Computer und tippte an der Arbeit für den Geschichtsunterricht am Gymnasium weiter. Die Tasten klapperten aber nicht mehr so rasch wie vorher. Man merkte, dass sie nicht mehr ganz bei der Sache war.

„Sie kommt von den neuen Hausbewohnern nicht los", vermutete die Mutter und überlegte, ob sie Esther darauf ansprechen sollte. Sie unterließ es aber, weil sie meinte, dass der Sache nicht zu viel Gewicht beigemessen werden durfte.

Doch je länger es dauerte, um so öfter unterbrach Esther ihr Tippen und lauschte nach droben. Als die Hansens noch in der Wohnung waren, hatte man langsame, schlurfende Schritte hören können. Jetzt waren kurze, flotte Schritte zu vernehmen, die zweifellos von Frau Falkenstein stammten. Es hörte sich an, als würde sie Freudentänze aufführen und durch alle Zimmer wirbeln. Dazwischen waren die ruhigen, festen Tritte des Mannes zu hören. Nun ja, auch daran würde man sich gewöhnen. Sie jedenfalls war darauf aus, auch zu diesen Mietern ein gutes Verhältnis zu bekommen ...

Eine knappe Stunde später stellte sie fest, dass dies auch das Bestreben ihrer Mutter war. Esther zog nämlich ein appetitanregender Duft in die Nase. Sie ging ihm nach und traf in der Küche auf ihre Mutter, die die letzten Verzierungen an einer Mohntorte anbrachte.

Esther wunderte sich, dass die Mutter einen Kuchen gebacken hatte. Es stand weder ein Geburtstag noch sonst eine Festlichkeit an und sie erfuhr, dass die Torte für Falkensteins gedacht war, als „Einzugsgeschenk".

„Oder findest du das nicht in Ordnung?", schob Frau Lüders nach.

„Doch, das ist okay!" Esther war voll auf der Seite ihrer Mutter.

Als sich das Mädchen wieder an den Computer gesetzt hatte, stieg Frau Lüders mit dem Kuchen die Treppe hinauf und überreichte ihn den jungen Mietern. Beide zeigten sich überrascht und erfreut zugleich. Damit hatten sie nun wirklich nicht gerechnet und bedankten sich auf das Herzlichste.

Herr Falkenstein ging schon bald wieder seiner Beschäftigung nach, während seine Frau noch weiter mit der Hausherrin sprach und von dieser das Angebot erhielt: „Sie können sich mit allen Hausfrauennöten und Schwierigkeiten an mich wenden, wenn Sie mögen."

Frau Lüders konnte sich gut vorstellen, dass die Haushaltsführung noch etwas Ungewohntes für die junge Frau war.

Doch in der Folgezeit wartete sie vergeblich darauf, von Frau Falkenstein um Hilfe gebeten oder um Rat gefragt zu werden. Die junge Frau vermittelte den Eindruck, als sei sie den neuen Aufgaben allein gewachsen.

Dafür konnte Martha Lüders aber feststellen, dass die Mieterin zu Esther Kontakt suchte. Esther hatte neben der Wohnung der Falkensteins noch ein kleines Zimmer im Dachstock, in das sie sich zurückzog, wenn sie in Ruhe ihre Aufgaben machen oder etwas lesen wollte. Und fast jedes Mal, wenn Esther die Treppe hinaufstieg, stand Frau Falkenstein vor ihrer Wohnungstür und verwickelte das Mädchen in ein Gespräch.

Nach etwa einer Woche wurde Esther wieder von ihr abgefangen. Als sie wie üblich mit „Guten Tag, Frau Falkenstein" grüßte, lachte diese eigenartig auf und meinte: „Wie sich das anhört: Frau Falkenstein! – Das erinnert mich an meine Schwiegermutter, die ich nicht ausstehen kann! – Ich heiße Belinda – nenn mich doch einfach so! Wie heißt denn du?"

Esther nannte ihren Namen, und Belinda streckte ihr die Hand entgegen. Das Mädchen schlug ein und sie hielten einander fest – eine ganze Weile. Damit war so etwas wie eine Freundschaft zwischen ihnen besiegelt. Esther tat das irgendwie wohl ...

Als sie ihr Zimmer betrat, ließ sie sich auf einen Stuhl fallen und das eben Geschehene zog noch einmal an ihr vorüber. – Jawohl, sie fühlte sich geschmeichelt! Sie hatte zwar Freundinnen, aber keine war so wie Belinda. Belinda war verheiratet und gab sich in einer Art, die Esther nicht beschreiben konnte, die ihr auf eine gewisse Weise aber imponierte. Sie fand es plötzlich auch nicht mehr anstößig, dass sich Belinda kräftig schminkte und Kleider trug, die schlampig wirkten. Sie ertappte sich dabei, dass sie das nun als lässige Eleganz bezeichnete ...

An diesem Punkt stockte sie. Sie hatte das Empfinden, sich auf einen unguten Weg zu begeben, und gestand sich ein, dass sie sich auch niemals wie Belinda „aufmachen“ würde. Das brachte sie mit Gottes Wort nicht in Einklang, in dem sie las: „Ihr Schmuck soll nicht auswendig sein mit Haarflechten und Goldumhängen oder Kleideranlegen, sondern der verborgene Mensch des Herzens unverrückt mit sanftem und stillem Geiste; das ist köstlich vor Gott."

Trotzdem hielt sie etwas davon ab, darüber mit ihren Eltern zu sprechen, mit denen sie sonst alles besprach. Im Besonderen scheute sie sich davor, über jene Dinge zu reden, die ihr zwiespältig erschienen.

Tage später stand Belinda wieder vor der Tür, als Esther die Treppe hinaufstieg, um in ihrem Zimmer zu arbeiten.

„Hast du ein Momentchen Zeit? Ich möchte dir gerne die Wohnung zeigen", lud die junge Frau sie ein.

Esther kam das zwar ungelegen, aber weil Belinda so freundlich lächelte, fand sie nicht den Mut abzusagen. Während sie die Wohnung betrat, wunderte sie sich über die Einrichtungsgegenstände. Sie waren wohl auf Trödelmärkten zusammengekauft worden und zeugten davon, dass hier kein Reichtum vorhanden war. Esther sagte jedoch kein Wort darüber und war darum bemüht, sich auch nichts anmerken zu lassen. Die Anordnung der Möbelstücke fand sie allerdings gut. Belindas Mann hatte sie mit großer Sorgfalt an den richtigen Platz gestellt.

Das Bild über der Wohnzimmercouch gefiel Esther besonders gut und sie vertiefte sich hinein. Belinda erklärte ihr: „Das hat Ronny, mein Mann, gemalt."

„Der scheint ja ein richtiger Künstler zu sein." Esther nickte in aufrichtiger Bewunderung und Belinda lächelte zufrieden.

Augenblicke später bot ihr die junge Frau etwas zu trinken und eine Zigarette an. Die Zigarette lehnte Esther ab. Das Glas mit einer grünlichen Flüssigkeit nahm sie an und setzte sich neben Belinda auf die Couch. Als Esther den ersten Schluck nahm, hätte sie ihn am liebsten wieder ausgespuckt. Das Zeug schmeckte furchtbar. Doch aus Höflichkeit schwieg sie, schluckte es hinunter und versuchte wiederum, sich nichts anmerken zu lassen. In diesem Augenblick entdeckte sie in einem Regal das Hochzeitsbild der Falkensteins. Esther nahm das als willkommenen Anlass, um von sich abzulenken.

„Du warst aber eine tolle Braut!", sagte sie und die Anerkennung war aufrichtig gemeint.

„Der Fotograf hatte es auch lange in seinem Schaufenster stehen", erklärte Belinda selbstgefällig. Sie stand auf und holte ein Album mit weiteren Hochzeitsbildern.

Geduldig beugte sich Esther mit der jungen Frau darüber. Weil diese keine Erklärungen zu den Bildern abgab, stellte sie Fragen. „Der Strahlemann ist wohl dein Vater?“

„Nein. Das ist mein Schwiegervater. Aber so freundlich, wie er sich hier zeigt, ist er in Wirklichkeit nicht“, versetzte Belinda. „Mit ihm könnte ich aber noch auskommen. Doch mit meiner Schwiegermutter“, Belinda zeigte auf die Frau neben dem Mann, „komme ich nicht zurecht – in keiner Beziehung. Sie ist ein ausgesprochenes Luder.“

Esther zuckte. Solche Ausdrücke wurden in ihrer Familie nicht gebraucht. Dass Belinda nun auch noch Verwandte damit bedachte, das überstieg ihr Begreifen. Eigenartigerweise hatte Esther aber sofort eine Entschuldigung parat. Sie redete sich ein, dass die neue Mieterin eine moderne Frau sei und kein Blatt vor den Mund nehme. Trotzdem wehrte sich etwas in ihr gegen solches Verhalten, und sie wollte über Frau Falkensteins Schwiegereltern keine Informationen mehr haben.

„Hast du auch ein Bild von deinen Eltern?“, fragte sie rasch.

Belinda blätterte einige Seite um und zeigte auf ein großformatiges Bild. „Das ist meine Mutter. Sie stellt doch etwas dar, nicht wahr?“ Belinda sagte es voller Stolz. Als sie kurz zur Seite sah und Esthers Erstaunen bemerkte, schien sie etwas unsicher zu werden.

„Eine so junge Mutter hast du?", rutschte es dem Mädchen heraus. Und in der Tat, als Brautmutter war diese Frau noch erstaunlich jung. Sie hatte ein türkisfarbenes langes Kleid an und war mit Schmuck fast überladen. Ihr kastanienbraunes Haar war zu einer üppigen Frisur aufgetürmt, und ihr Lachen wirkte maskenhaft, wie das der Filmsternchen auf den Titelseiten gewisser Illustrierten.

„So jung ist sie nun auch nicht mehr", versuchte Belinda zu beruhigen, der nicht entgangen war, dass Esther voller Erstaunen sich fragte, wie eine so junge Frau schon eine so große Tochter haben konnte.

„Meine Mutter versteht es eben, die Spuren des Alters zu verwischen. Und wenn man es kann, warum soll man es nicht tun?", gab sie zu bedenken.

Esther war da anderer Ansicht. Doch sie schwieg erneut, weil sie fürchtete, es könnte bei Belinda nicht gut ankommen, wenn sie ihr sagen würde, dass Altwerden keine Schande ist, dass es aber schlimm werden kann, wenn man Jugendlichkeit zum Lebensziel macht. Sie gab ihrer Mutter Recht, die in dieser Beziehung immer wieder sagte: „Ein

Baum in der Blütenpracht des Frühlings ist schön. Ein im Herbst blühender Apfelbaum ist ein Monstrum. Um diese Zeit soll er Frucht tragen, und das ist seine herbstliche Schönheit."

„Von deinem Vater hast du kein Bild?", fragte Esther, um auf andere Gedanken zu kommen.

„Doch. Aber keines von meiner Hochzeit."

Esther horchte verwundert auf. Belinda bemerkte es und erklärte: „Wir hatten ihn eingeladen, aber er kam nicht. Das war auch gut so."

Esther wunderte sich jetzt noch mehr.

„Meine Eltern sind geschieden", erläuterte Belinda weiter. „Ich mag Vater ganz gern. Aber es wäre nicht gut gegangen, wenn er mit Mutter zusammengekommen wäre. Der Krach wäre noch größer geworden, als er so schon war."

„Krach? Auf eurer Hochzeit?" Esther kam aus dem Verwundern nicht heraus.

„Ach, da müsste ich lange erzählen. – Meine und Ronnys Mutter können sich nicht riechen. Sie sind wie Hund und Katze zueinander. Ronnys Mutter ist nämlich fromm, musst du wissen." Das Wort fromm betonte Belinda in besonderer Weise und verdrehte die Augen dabei.

Esther gab es einen Stich, und sie fühlte sich plötzlich unwohl. Sie wusste, dass jetzt ein Bekenntnis von ihr gefordert war. Sie wollte auch nicht schweigen wie das vorige Mal, wo sie schuldig geworden war. Warum sollte sie mit ihrer Einstellung auch hinter dem Berg halten, wo Belinda die ihre frei ausposaunte?

„Meine Eltern und ich sind auch fromm", sagte Esther und ärgerte sich darüber, dass ihr, wie sie meinte, die Worte etwas zögernd über die Lippen gekommen waren. Sie hatte nicht den geringsten Anlass, sich zu verstecken. Wer dem Herrn Jesus nachfolgte, vertrat die einzig gerechte Sache der Welt und stand auf der Seite des Siegers. Was sollte also ihr Zögern ...?

„Wenn das jemand ernst meint, so wie ihr, finde ich das klasse!", versicherte Belinda. „Ich wäre gerne auch so. Aber die Frömmigkeit meiner Schwiegermutter finde ich zum Kotzen!"

„Wieso denn?" Esther war über den Ausbruch der anderen erschrocken.

„Du müsstest sie mal erleben. Als sie erfuhr, dass ihr Ronny mit mir ging, tat sie ganz aufgeregt. Sie meinte, unsere Verbindung sei nicht nach dem Willen Gottes, und es könnte mit uns beiden auch nicht gut gehen, weil ich nicht im Glauben stehe. Es war nur ein Glück, dass Ronny mich über alles liebt, sonst hätte sie uns auseinander gebracht. Auf unserer Hochzeit tat sie sich sehr schwer, mit mir und meiner Mutter am gleichen Tisch zu sitzen. Ja, und dann kam es zu dem Krach. Er war so widerwärtig, dass ich gar nicht mehr daran denken möchte.“ Belinda schüttelte sich wie ein Pudel mit durchnässtem Fell.

Jetzt war Esthers Neugierde geweckt. „Über was habt ihr denn gestritten?“, forschte sie.

Belinda zögerte etwas. Einen Moment lang schien es so, als hätte sie sich entschieden, nichts von dem Streit preiszugeben. Dann sagte sie aber doch: „Mein Vater war die Ursache. Er hatte unsere Einladung zur Hochzeit zwar nicht angenommen, war aber doch gekommen – zumindest für einen Augenblick. Als Ronny und ich das Gasthaus betreten wollten, in dem die Feier stattfinden sollte, machte er sich an mich heran, gratulierte uns und überreichte mir einen Umschlag. Ich fühlte sofort, dass Geldscheine drin waren. Noch bevor ich mich bedanken konnte, sagte er: ‚Ein Beitrag für deine Einrichtung.‘ Seine Stimme zitterte so, dass ich dachte, er würde losheulen.

Aber bevor es so weit kam, war er wieder verschwunden. Für mich war das erleichternd, obwohl ich mich darüber freute, dass er gekommen war. – Im Gasthaus wurden uns noch weitere Umschläge mit Glückwünschen und so überreicht. Ronny und ich verloren die Übersicht darüber und unsere Mütter versuchten Ordnung in die Sache zu bekommen. Sie schrieben die Namen auf die Umschläge, damit wir hinterher wussten, von wem sie waren.

Nach dem Kaffeetrinken legte sich die Unruhe im Raum und ich erinnerte mich an den Umschlag meines Vaters. ‚Was habe ich denn von Papa bekommen?', fragte ich.

Doch der Umschlag war nicht aufzufinden und es wusste auch keiner, wo er abgeblieben war.

Als ich zu meiner Schwiegermutter sah, hatte ich den Eindruck, dass sie meine Mutter verdächtigte ..."

„Das denke ich nicht, dass sie ...", platzte Esther heraus, die gespannt zuhörte.

„Weiß ich nicht", unterbrach Belinda. „Ich kann mir vorstellen, dass sie so gedacht hat. Der Ehrlichkeit halber muss ich sagen, dass ihr Verdacht auch nicht ganz unbegründet war. Meine Mutter kann nämlich nicht mit Geld umgehen. Sie steckt ständig in Schwierigkeiten. So konnte sie auch nichts zu unserer Hochzeit beisteuern und meine Schwiegereltern mussten die Feier allein bezahlen. Ronny hatte zwar etwas gespart, aber das brauchten wir für die Möbel und so. Ich selbst hatte noch nichts beiseitelegen können, weil ich erst kurze Zeit im Café Breitner in Arbeit war. – Ich finde, es war auch keine besondere Zumutung für Ronnys Eltern, dass sie die Hochzeit bezahlen mussten. Sie haben ja sonst nichts für uns getan."

Esther wurde unbehaglich zu Mute. Diese Familiengeschichte widerstrebte ihr, sie wollte gar nichts davon wissen und hätte der Mieterin am liebsten gesagt, dass sie schweigen sollte. Das brachte sie aber nicht über sich und nahm sich vor zu gehen; was sie aber auch nicht tat. Stattdessen fragte sie: „Hatte deine Mutter nun den Umschlag an sich genommen oder nicht?"

„Quatsch! Mir hätte sie keinen Cent weggenommen. Dieses Geld schon mal gar nicht, weil es von meinem Vater war. Das darfst du mir glauben", versicherte Belinda.

Esther nickte, obwohl sie von der Unschuld dieser Frau nicht überzeugt war. Sie ärgerte sich über ihr Verhalten und versuchte nachträglich noch etwas geradezubiegen, indem sie fragte: „Habt ihr den Umschlag noch gefunden?"

Belinda verneinte und Esther, weil es ihr widerstrebte, die Mieterin weiter in die Enge zu treiben, schwieg. Sie sah Belinda aber eigenartig an und hoffte, dass diese in ihrem Blick die Frage erkennen würde: „Wenn der Umschlag nicht gefunden wurde, woher nimmst du die Gewissheit, dass ihn deine Mutter nicht hat? – Dann sind doch alle verdächtig!"

Aber Belinda schien die Frage nicht zu erkennen, jedenfalls wurde sie nicht unsicher und fuhr fort: „Um ein Haar hätte diese Sache uns die ganze Hochzeit verdorben. Meine Mutter merkte sehr schnell, was ihr Ronnys Mutter anhängen wollte, und geriet ganz schön in Fahrt. Sie hat es ihr tüchtig heimgezahlt. Sie war überzeugt, dass sich meine Schwiegermutter das Geld unter den Nagel gerissen hatte, um sich wegen der Hochzeitskosten schadlos zu halten. Davon ist sie auch heute noch überzeugt.

Wir hatten alle Mühe, dass die Gäste nicht viel davon mitbekamen. Ronny konnte die Sache einigermaßen mit der Erklärung entschärfen, dass sich das Geld noch finden würde, wenn die Gäste gegangen wären und wir in Ruhe suchen könnten ..."

Esther verfolgte die Geschichte mit Spannung. Ihr wollte nur nicht behagen, dass der Verdacht im Raum stand, Ronnys Mutter könnte das Geld an sich gebracht haben. Wenn sie im Glauben stand, war das unmöglich. Folglich hakte Esther nach: „Du nimmst doch nicht im Ernst an, dass deine Schwiegermutter das Geld hat – oder?"

„Nein, nein“, beeilte sich Belinda zu versichern, als sie den leisen Unmut des Mädchens bemerkte. „In einer Gastwirtschaft gibt es ja auch die Bedienung und sonstiges Personal“, schob sie nach, was aber nicht sehr überzeugend klang.

Esther schwieg zwar, brachte aber durch ein vielsagendes Wiegen des Kopfes ihre Bedenken gegenüber Belindas Erklärung zum Ausdruck.

Die sah sich sofort wieder zur Verteidigung genötigt. „Meine Mutter ist ein Luder, ja – aber falsch ist sie nicht, das darfst du mir glauben! Bei ihr weiß man, wie man dran ist. Bei meiner Schwiegermutter weiß man das nicht. Für mein Empfinden sagt sie nie, was sie wirklich denkt. Deshalb pfeife ich auf ihren Glauben!“

Esther hielt Belindas Blick stand, schwieg aber weiter. Doch diesmal drückte sie sich nicht aus Feigheit vor einem Urteil, sondern wusste ganz einfach nicht, was sie sagen sollte. Sie fand, dass sie nicht objektiv sein konnte, weil sie keine der beiden Frauen kannte ...

Belinda hob ihr Glas an und trank es aus. Esther tat es ihr gleich. Die grüne Flüssigkeit kratzte sie so im Hals, dass sie kräftig husten musste.

„Jetzt muss ich aber gehen“, sagte sie, als sich der Husten gelegt hatte. „Meine Mutter wird schon auf mich warten. Eigentlich kam ich herauf, um in meinem Zimmer zu arbeiten. Aber da wird jetzt nichts mehr draus. Das Zimmer neben eurer Wohnung ist mein Reich. Ich muss es dir mal zeigen, aber ein andermal. Jetzt hab ich keine Zeit mehr."

Esther stand auf. Als Belinda an ihre Seite trat, sagte sie: „Schade, dass es mit euren Müttern so gelaufen ist. Es ist wohl am besten, wenn ihr darauf achtet, dass sie nicht oft zusammenkommen."

Sofort war der Gedanke da: *Was redest du für ein Zeug! „... dass sie nicht oft zusammenkommen", das ist doch Blödsinn! Hier ist Versöhnung angesagt!*

Trotzdem wies sie nicht darauf hin und quasselte weiter: „Vielleicht findet sich das Geld auch wieder. Die Hauptsache ist doch, dass du mit deinem Mann glücklich bist."

„Das sind wir auch", versicherte Belinda eifrig, während sie Esther zur Flurtür begleitete. „War schön, dass du mal reingeschaut hast. Wir sollten uns öfters zusammensetzen. – Darf ich dich als meine Freundin ansehen?"

Esther stand schon im Treppenhaus, drehte sich aber noch einmal um und sah ihr Gegenüber forschend an. Dieses Angebot erschien ihr eigenartig. Belinda war älter als sie und schon verheiratet. Außerdem kannten sie sich noch gar nicht lange.

Konnte auf einer solchen Grundlage eine echte Freundschaft zu Stande kommen? – Esther hatte das noch nicht erlebt. Aber der erwartungsvolle Blick der Mieterin ließ sie alle Bedenken beiseite schieben, und sie sagte: „Ja, gern." – Dann schüttelten sie sich herzlich die Hand.

In den folgenden Tagen dachte Esther oft über Belinda und das Gespräch mit ihr nach. Dabei schüttelte sie manches Mal verwundert den Kopf. Es war schon seltsam, sie beide waren sehr verschieden, in manchen Punkten sogar gegensätzlich, und dennoch fühlte sie sich irgendwie zu der Verheirateten hingezogen. Es freute sie sogar, dass sie ihr die Freundschaft angeboten hatte.

Schließlich sprach Esther auch mit ihrer Mutter über die neue Mieterin. Doch sie war nicht offen. Das meiste behielt sie für sich. Es störte sie, dass die Mutter sehr zurückhaltend war, dass sie weiterhin Bedenken gegenüber der jungen Frau hatte. – Als Esther erzählte, dass sie mit Belinda Freundschaft geschlossen habe, verfinsterte sich Frau Lüders' Gesicht und sie wiegte besorgt den Kopf.

Esther ärgerte sich darüber, obwohl sie selbst nicht voll hinter der neuen Mieterin stehen konnte. – *Das war doch klar, dass sie so reagieren würde, sie muss ja an allem etwas auszusetzen haben*, dachte sie vorwurfsvoll.

Frau Lüders entging die Unzufriedenheit der Tochter nicht, sie wusste auch um den Grund und erklärte: „Sei doch mal ehrlich. Ihre Lebensauffassung stimmt in keinem Punkt mit der unseren überein. Besteht da nicht die Gefahr, dass du dich von ihr in eine Lockerheit und Oberflächlichkeit hineinziehen lässt, die ungute Auswirkungen nach sich ziehen?"

„Mutter! Das wird nicht passieren! So gut solltest du mich kennen!", kam es dem Mädchen fast zu betont über die Lippen. „Ich habe ihr gesagt, dass wir im Glauben stehen, und sie hat das voll akzeptiert. Ich hatte den Eindruck, dass sie sogar selbst gerne glauben möchte, bisher aber nur an die falschen Vorbilder geraten ist."

Frau Lüders ließ sich damit nicht zufriedenstellen: „Und du meinst nun, dass du ihr ein rechtes Vorbild sein könntest?", fragte sie in nachdenklichem Ton.

Hoff' ich schon, dachte Esther, wagte aber nicht, es der Mutter zu sagen, und zuckte mit den Schultern.

„Ich würde mich freuen, wenn du Frau Falkenstein den Weg zeigen könntest. Hoffentlich überschätzt du dich aber nicht", gab die Mutter zu bedenken und ging wieder an ihre Arbeit.

In den nächsten Wochen fand Esther keine Zeit zu einem ausgedehnten Zusammentreffen mit Belinda. Jedes Mal, wenn die Mieterin ein längeres Gespräch beginnen wollte, musste sie abwehren, weil sie zu einem wichtigen Treffen musste oder eine unaufschiebbare Arbeit anstand. Manchmal hatte sie den Eindruck, dass ihr die neue Freundin nicht glaubte. Esther konnte das verstehen. Im umgekehrten Fall hätte sie wahrscheinlich auch gedacht, dass es nur Ausreden seien und man sich mit ihr nicht mehr abgeben möchte. Esther versuchte zwar, die Bedenken der Mieterin zu zerstreuen, aber es gelang ihr nicht. Sie merkte, dass sie durch ihr Reden sogar das Gegenteil bewirkte. Je intensiver sie Belindas Vorurteile zu entkräften versuchte, um so stärker wurden sie.

Schließlich bekam ihre Freundschaft einen Knacks. Frau Falkenstein zog sich zurück. Da geschah etwas, das Esther schwer zu schaffen machte. Der Anfang dieser Sache ließ nichts Außergewöhnliches vermuten.

Esther stieg wie jeden Tag die Treppe hinauf, um in ihrem „Reich“ zu wirken. Als sie die Tür zu ihrem Zimmerchen aufsperren wollte, ging die Flurtür der Falkensteins auf, und Belinda streckte ihren Kopf heraus. – „Heute musst du zu mir kommen! Heute darfst du keine Entschuldigung haben! Du musst mir helfen! Bitte – du musst!“, flehte sie aufgeregt.

Das Drängen machte Esther stutzig, sogar ängstlich, und sie zögerte, die Wohnung der Mieter zu betreten. Als Belinda sich dann wieder aufs Bitten verlegte, gab Esther ihren Widerstand auf und ging mit in die Wohnung. Schon im Flur zog ihr Kaffeeduft in die Nase. Als sie das Wohnzimmer betrat, entdeckte sie auf dem niederen Couchtisch eine Platte mit köstlich aussehenden Tortenstücken. Belinda zeigte darauf und erklärte: „Du musst mir wirklich helfen. Allein schaffe ich das nicht.“

Esther sah die Freundin eindringlich an. Sie konnte es nicht glauben, dass sie deswegen so flehend in die Wohnung gebeten worden war. Belinda war doch verheiratet und konnte zusammen mit ihrem

Mann den Kuchen essen, wenn sie ihn allein nicht schaffte. Übrigens, seit wann hatten die Falkensteins so viel Geld, dass sie sich an einem gewöhnlichen Werktag solche Kostbarkeiten leisten konnten …?

Die junge Frau erahnte Esthers Gedankengänge und sagte: „Ronny mag solch süße Sachen nicht. Ich bekomme aber immer wieder welche, wenn sie im Café übrig sind. – Also setz dich und greif zu."

Esther kam der Aufforderung nach und fand den Kuchen ausgezeichnet. Sie wusste nicht, wann sie zum letzten Mal so etwas Köstliches gegessen hatte. Bei ihnen gab es solche Sachen sehr selten. Der Vater meinte – und Esther vertrat die gleiche Ansicht: „Der Weg über die Zunge ist kurz. Wir werden auch von anderen Dingen satt. Mit dem Geld, das wir so sparen, können wir die Sache des Herrn unterstützen."

Während Esther es sich schmecken ließ, aß Belinda nichts, obwohl sie sich ein schönes Tortenstück auf den Teller gegeben hatte. Stattdessen war sie ständig am Schnattern. Sie erzählte, dass sie nur abends und an den Wochenenden im Café Breitner bediene, weil es ihr sonst zu viel werde.

Esther wunderte sich, weshalb sie dann nicht tagsüber bedienen ging, während ihr Mann an der Arbeit war. So konnten sie ja fast nichts gemeinsam unternehmen und lebten sich auseinander. Esther gab sich einen Ruck und sagte das auch.

Belinda schmeckte dieser Einwand nicht, das konnte man deutlich an ihren Zügen ablesen. Doch zu dem von Esther erwarteten Wutausbruch kam es nicht.

„Klar, Ronny schmeckt das nicht“, gestand sie. „Aber er kann nicht verlangen, dass ich mich immer nach ihm richte. Schließlich bin auch ich ein Mensch und habe eigene Interessen!“

Esther sah von ihrem Teller auf und Frau Falkenstein an. Deren Aussage stand im krassen Gegensatz zu Gottes Wort. Das durfte nun nicht unwidersprochen bleiben. Doch Esther ahnte: *Wenn ich ihr klar sage, was darüber in der Bibel steht, kommt es zwischen uns zum Knall.* – Vor diesem Knall, das war keine Frage, fürchtete sie sich. Trotzdem schwieg sie diesmal nicht und sagte vorsichtig: „Vielleicht wäre es aber doch besser, wenn du mit deinem Mann …“

„Mit dem ist da nicht zu reden. Der ist für nichts zu haben, wo er meint, das Geld würde sinnlos hinausgeworfen“, wehrte Belinda energisch ab.

„Meinst du wirklich, dass ihr nichts gemeinsam unternehmen könntet?“, hielt Esther zaghaft dagegen.

„Gemeinsam!“, wiederholte Belinda und in ihrer Stimme schwang eine gewisse Bitterkeit.

Esther erinnerte sich, dass sie aus Frau Falkensteins Mund schon andere Töne über ihren Mann gehört hatte. Was war da vorgefallen, dass sie jetzt so über ihn sprach? Grundlos kam es zu einer solchen Veränderung nicht. Ob sie ...

„Du kennst Ronny nicht. Er ist furchtbar strebsam, er hat hohe Ziele und will es weiterbringen. In jeder freien Minute sitzt er über Büchern und büffelt“, fuhr die Freundin fort und hoffte, sich damit für ihr Verhalten gerechtfertigt zu haben.

Bei Esther zog das aber nicht. Wenn Herr Falkenstein beruflich weiterkommen wollte, hätte Belinda darüber doch froh sein und ihn unterstützen können. Die Zeit ging doch vorüber und dann konnten sie wieder andere Dinge gemeinsam tun. Da musste sie doch nicht ihr eigenes Süppchen kochen und abends bedienen; zumal ihr Mann damit nicht einverstanden war.

„Hast du mir keinen anderen Vorschlag zu machen?“, fragte Belinda und sah ihren Gast forschend an.

Esther hob ratlos die Schultern und ließ sie wieder fallen. Sekunden später war ihr, als sei die junge Frau enttäuscht. Weshalb denn? – Hatte Belinda allen Ernstes von ihr eine Lösung erhofft? – Wenn ja, wie kam sie dazu, von einem noch nicht einmal volljährigen Mädchen so etwas zu erwarten? – Trotzdem überlegte Esther, wie die beiden wieder näher zusammengebracht werden könnten.

„Ich denke, ein Kind würde euch eine neue Gemeinsamkeit und eurem Leben einen anderen Sinn geben", sagte sie schließlich.

Damit hatte sie aber total danebengegriffen. Belindas Blick verfinsterte sich und schroff kam es ihr über die Lippen: „Ich will kein Kind! Damit würde ich ja hoffnungslos im Alltagstrott versinken! Neben dem Mann hätte ich dann für noch jemanden im Haushalt zu wursteln! Ich käme gar nicht mehr aus der Bude! Ich will aber noch etwas von meiner Jugend haben und glücklich sein! Verstehst du das nicht?"

Esther erschrak. Weshalb reagierte Belinda so? – Wenn ihr der Mann eine Last war, warum hatte sie ihn geheiratet? Überhaupt, was stellte sie sich unter Glücklichsein vor? – Offensichtlich hatte ihre Mutter doch Recht, die beim Einzug der Falkensteins gemeint hatte, dass die Frau noch zu jung sei, um wirklich Frau sein zu können …

Plötzlich wurde es Esther ungemütlich. Sie wollte nichts wie weg von hier und stand auf. Die Unterhaltung mit Belinda war verkehrt gelaufen, sie fühlte, dass sie selbst irgendwie versagt hatte. Auch hier musste sie wohl der Mutter zustimmen, die schon von Anfang an Bedenken gegen ihre enge Verbindung zu Belinda geäußert hatte.

„Du bist dieser Frau nicht gewachsen und kannst ihr noch kein rechtes Vorbild sein", hatte sie gesagt. Esther hatte das nicht wahrhaben wollen und sich über die Mahnung hinweggesetzt. Doch jetzt steckte sie in den Schwierigkeiten, die sie sich hätte sparen können, wenn sie gehorcht hätte ...

Esther wusste nicht mehr, was sie noch sagen sollte, und wollte sich verabschieden. Da geschah etwas, das sie wieder nicht einzuordnen wusste. Belinda, die eben noch so finster geblickt und schroff geantwortet hatte, zeigte wieder ihr gewinnendes Lächeln und bat mit einschmeichelnder Stimme, dass sie doch noch bleiben möchte. Es schien so, als hätte sie noch ein Anliegen, das sie unbedingt loswerden wollte. Esther ließ sich aber nicht mehr zurückhalten und verabschiedete sich. Als sie schon im Treppenhaus stand, drehte sie sich noch einmal um und sagte: „Vielen Dank für den guten Kuchen. Vielleicht kann ich dir auch mal einen Gefallen tun."

„Ja, das kannst du! Gleich sogar!", stieß Belinda hervor und strahlte über das ganze Gesicht.

„Und das wäre?"

„Zeig mir doch mal dein Zimmerchen hier oben."

Esther war so überrascht, dass sie einen Augenblick lang keinen Ton hervorbrachte. Wieso stellte die Besichtigung ihres Zimmers für Belinda einen Gefallen dar? Mit einem Gefallen war normalerweise doch eine Hilfe verbunden. Was hatte die Mieterin davon, dass ihr das Zimmer gezeigt wurde ...?

„Darf ich es nicht sehen?", hakte Frau Falkenstein nach.

„Doch, doch", versicherte Esther eilig und öffnete die Tür.

Belinda ging bis in die Mitte des Raumes und sah sich aufmerksam um. Esther fand, dass die Freundin nervös war, und begriff ihr Interesse an diesem Zimmer noch immer nicht. Hätte es nicht genügt, von der Tür aus einen Blick hineinzuwerfen?

„Hier gibt es nicht viel zu sehen. Die Bücher sind das Wichtigste für mich", erklärte Esther und merkte, dass die andere überhaupt nicht richtig zuhörte.

Schließlich wanderte Belindas Blick zur Tür und blieb am Schloss haften, in dem der Schlüssel steckte. „Lässt du die Tür immer unverschlossen?", fragte sie neugierig.

„Ja – zumindest wenn ich nicht hier bin. Wenn ich was arbeite und nicht gestört werden möchte, schließe ich von innen ab“, erklärte Esther.

„So“, sagte Belinda kurz und schien über diese Auskunft erleichtert zu sein.

Esther kam die Sache immer merkwürdiger vor. Sie hatte plötzlich den Eindruck, dass sie von Belinda eigentlich nur wegen der Besichtigung dieses Zimmers eingeladen worden war und nicht zum Verzehr des Kuchens. Das Kaffeetrinken war wohl nur Beiwerk. Sie hatte gute Lust, es der Freundin zu stecken. Belinda sollte nicht denken, dass ihre Schliche nicht durchschaut würden. Doch irgendetwas hielt sie davon zurück, und sie gab der Mieterin durch verschiedene Hinweise zu verstehen, dass sie endlich nach unten gehen möchte.

Belinda störte sich aber nicht daran. Sie sprach immer weiter, dazu noch belangloses Zeug. Esther war, als hätte die Mieterin noch etwas auf dem Herzen, aber nicht damit herausrückte, weil sie so drängte. Trotzdem, Esther ließ sich jetzt nicht mehr zurückhalten; der Wunsch, von dieser Frau wegzukommen, war zu stark geworden.

Das Abendbrot wollte Esther heute nicht schmecken. An jedem Bissen kaute sie herum, als hätte sie Gummi im Mund, der nicht kleinzukriegen war. Die fragenden Blicke der Mutter veranlassten sie, sich zu erklären. Ihre Worte waren aber nicht zu verstehen, weil sie den Mund kaum öffnete und gar zu sehr brummte. Der Vater schüttelte den Kopf, und die Mutter sorgte sich.

„Macht euch keine Gedanken, morgen schmeckt es mir schon wieder", versicherte Esther beruhigend, nachdem sie den Mund einigermaßen leer hatte. Gleichzeitig fragte sie sich: *Weshalb sagst du ihnen nicht, dass du keinen Hunger hast, weil du bei Frau Falkenstein zum Tortenessen warst?*

Die Antwort wusste sie schon bald. Sie scheute die lästigen Fragen der Eltern, die hundertprozentig kommen würden. *Warum mussten Vater und Mutter auch immer so aufdringlich sein, gerade wenn es um die Mieterin ging?* Esther ärgerte sich plötzlich über die Eltern.

Du bist ungerecht, sagte sie sich aber schon wenig später. *Sie löchern dich doch nicht aus purer Neugierde oder Böswilligkeit, sondern weil du ihnen nicht gleichgültig bist, weil sie sich um dich sorgen! – Mein Umgang mit Belinda gab ja auch Anlass zu fragen.*

Sie hatte sich allerhand vorgenommen und nichts davon Frau Falkenstein nahebringen können. Im Gegenteil. Sie wurde oft mit Sachen konfrontiert, bei denen ihr ganz mulmig wurde. Schon seit Tagen trug sie sich mit dem Gedanken, die Verbindung zu der Mieterin zu lockern. Doch irgendwie traute sie sich nicht, das in die Tat umzusetzen. Echt, es wäre wohl am besten gewesen, wenn sie den Rat der Mutter befolgt und schon gleich etwas mehr Vorsicht hätte walten lassen ...

Nach dem Abendbrot griff der Vater zur Bibel, las einen Abschnitt vor und legte ihn aus. Esther konnte der Andacht nicht bis zum Ende folgen. Der Satz: „Ich bin gekommen, auf dass sie Leben haben und es in Überfluss haben", hatte sie gepackt und ließ sie nicht mehr los ...

Diesen Satz hatte sie schon einige Male gelesen, er hatte ihr nie etwas Besonderes gesagt. Doch jetzt ging ihr auf, dass der Herr Jesus mit ihm etwas Ungeheures zum Ausdruck brachte: die letzte Erfüllung des Daseins. Die Seinen sollten nicht nur Leben haben, sie sollten es im Überfluss haben; sie sollten also glücklich und zufrieden sein. – Das war Esther aber nicht, besser gesagt, nicht mehr. In diesem Augenblick wurde ihr das voll bewusst und belastete sie. – Weshalb war das so weit mit ihr gekommen?

Sie fand zu keinem Ergebnis, weil die Mutter den Tisch abzuräumen begann.

Esther erhob sich und half ihr. Als sie mit der Mutter allein in der Küche war, fragte sie unvermittelt: „Hast du schon mal Zeiten erlebt, in denen du unglücklich und unzufrieden warst?“

Frau Lüders zeigte sich nicht so überrascht, wie Esther gedacht hatte. Sie hielt einen Augenblick im Spülen inne und erklärte: „Ja, das habe ich. Es war zu der Zeit, als es dem großen Durcheinanderbringer auf feine Weise gelungen war, mich und mein Leben mit dem von Menschen zu vergleichen, die nicht im Glauben standen. Und diese Menschen hatten – wie hätte es auch anders sein können – nach dem, was meine Augen wahrnehmen konnten, natürlich immer mehr als ich und waren auch besser dran als ich. Die Folge war, dass mein junges Herz von unbestimmten Sehnsüchten und dem Bangen ergriffen wurde, mir könnte im Leben etwas entgehen, ich könnte von dem großen Glück etwas nicht abbekommen ...“

„Und wie hat sich das geändert?“, fragte Esther ungeduldig dazwischen. Sie wollte keine langen Erläuterungen, sondern eine Lösung hören.

Frau Lüders missfiel das Drängen. Sie beließ es aber bei einem leisen Kopfschütteln und fuhr fort:

„Ich habe dem Ziehen in mir nicht nachgegeben, ich habe nicht getan, was die taten, die mich durcheinandergebracht hatten. Ich überwand mich und richtete mich nach denen, die dem Herrn treu nachfolgten und keinen gequälten Eindruck machten. Ich selbst war in der Nachfolge ja auch glücklich gewesen, bis mein Blick in die andere Richtung gewandert war. – Ich vertraute mich nun dem Herrn noch enger an und konnte wieder in wunderbarer Deutlichkeit sehen, was ich an Ihm und durch Ihn hatte. Ich bin von Ihm auch nie enttäuscht worden und erkannte, dass die anderen – wie es im 73. Psalm heißt – ‚auf schlüpfrigen Grund' gestellt sind." Frau Lüders wandte sich wieder ihrer Arbeit zu.

Auch Esther schwieg und dachte eine Weile nach. „In eurem Leben ist auch nicht alles glatt gegangen, das weiß ich aus euren Erzählungen. Wie war es da, seid ihr nie ins Schleudern geraten?", fragte Esther schließlich und sah die Mutter eindringlich an.

„Doch, in den schweren Zeiten machte sich die Anfechtung auch an uns heran", gestand die Mutter. „Auch wir hatten Kämpfe durchzustehen und kamen nur deshalb nicht zu Fall, weil wir in den kritischen Stunden unsere Zuflucht zum Herrn Jesus nahmen, der stärker als der Böse ist. Dann fühlten wir uns getragen und geborgen. Wir glaubten und erfuhren, dass denen, die Gott lieben, alle Dinge zum Besten dienen müssen. Wir konnten rühmen und getrost sein bis zum heutigen Tag. Nicht weil wir so prächtige Menschen sind, sondern weil wir einen Herrn haben, der alle Schuld vollkommen vergibt und uns im Leben und Sterben nicht verlässt. Bei dem wir Leben im Überfluss haben, wie Vater vorhin gelesen hat."

Das klang so einfach. Esther konnte sich vorstellen, dass es ihr unglaubwürdig erschienen wäre, wenn sie ihre Eltern nicht gekannt hätte. Aber so hatte sie lebende Beweise dafür, dass die konsequente Nachfolge des Herrn glücklich machte.

Auch Esther hatte schon solche Erfahrungen gemacht. Sie konnte sich auch nicht vorstellen, ihr Leben anders als die Eltern einzurichten. Doch wie sollte sie es anstellen, dass auch Belinda Vertrauen zum Herrn Jesus fand und glücklich wurde? – Über dem Nachdenken an Frau Falkenstein wurde Esther traurig und eine große Hilflosigkeit überkam sie.

Gerne hätte sie mit der Mutter darüber gesprochen – ihr war sogar, als würde sie darauf warten –, doch wie schon einige Male vorher brachte sie es nicht fertig, sich in dieser Beziehung ihr anzuvertrauen. Weshalb das so war, wo sie sonst doch alles mit ihr besprach, hatte sie bisher noch nicht herausfinden können.

In den folgenden Wochen begegneten sich Esther und Belinda nur flüchtig. Die kurzen Begegnungen vermittelten Esther aber den Eindruck, dass Frau Falkenstein von Mal zu Mal unruhiger wurde. Was löste diese Unruhe bei ihr aus?

Belinda verlor kein Wort darüber, und Esther getraute sich nicht nachzufragen. – *Vielleicht bildest du dir ihre Nervosität auch nur ein!*, sagte sich Esther selbst beruhigend.

Dann saß sie wieder einmal in ihren Zimmer über einer Arbeit. Plötzlich klopfte es an die Tür. „Herein", rief Esther und Belinda betrat den Raum. Das war etwas Neues. Bisher hatte Frau Falkenstein sie noch nie während einer Arbeit gestört, und Esther zeigte sich verwundert. Ihre Verwunderung wurde noch größer, als sie die Mieterin ansah. Die wirkte angespannt, so, als hätte sie ein Unrecht zu verbergen. – Esther räusperte sich und in ihren Blick trat die Frage: *Was ist los mit dir?*

Frau Falkenstein entging die Veränderung des Mädchens nicht. Sie sah darin eine Aufforderung zur Antwort und begann ihr Anliegen mit den Worten einzuleiten: „Neulich warst du bereit, mir einen Gefallen zu tun ..."

Esther nickte schwach und setzte ein ausdrucksloses Gesicht auf.

Frau Falkenstein ließ das Mädchen am Schreibtisch nicht aus den Augen. Sie wollte keine ihrer Regungen übersehen, jede hielt sie für richtungsweisend.

„Ich bat dich damals, mir dein Zimmer zu zeigen. – Das war aber nur ein Teil des Gefallens, den du mir tun solltest", fuhr Belinda fort. „Doch bevor ich weiter rede, möchte ich dich bitten, die Sache ganz für dich zu behalten, ich könnte sonst einen Sack voll Schwierigkeiten bekommen. – Kannst du mir das versprechen?"

„Ich denke schon. Es wird ja wohl nichts Schlimmes sein", sagte Esther ausweichend und fühlte sich nicht wohl dabei.

„Also kurz – die Sache ist die –, ich habe einen Freund", presste Belinda abgehackt hervor.

Esther zuckte, als hätte sie einen Schlag erhalten, und sah die Frau ungläubig an. „Einen Freund? – Aber doch keiner, von dem dein Mann nichts wissen darf – oder?", forschte das Mädchen vom Schreibtisch her und hoffte, keine ungute Antwort zu erhalten.

Frau Falkenstein erahnte, was in dem Mädchen vorging, und wurde etwas verlegen. Trotzdem erklärte sie selbstsicher: „Natürlich darf Ronny nichts davon wissen ...“

Esther zuckte erneut zusammen. Sie wollte etwas sagen, brachte aber keinen Ton hervor. Außerdem redete Belinda auch schon wieder weiter.

„Jetzt denk nur nicht schlecht von mir. Das ist keine Freundschaft, in der die Ehe gebrochen wird – wirklich nicht! Udo ist ein anständiger Mensch, und ich weiß auch, was ich meinem Ronny schuldig bin. Zwischen Udo und mir, das ist – das ist – eine Seelenfreundschaft – ja, eine Seelenfreundschaft, wenn du verstehst, was ich damit meine ...“

Esther verstand nicht und hatte den Eindruck, dass Frau Falkenstein auch nicht recht wusste, was sie sagte.

„Ronny begreift das aber nicht“, behauptete Belinda. „Schuld daran ist aber nur seine Mutter. Die hat ihn misstrauisch gemacht. Schon von Anfang an hat sie ihm eingebläut: ‚Pass auf. Sie hat in ihrer Mutter kein gutes Vorbild gehabt. Die steht nicht im Glauben und hat die Ehe gebrochen.‘ Deshalb ...“

„Wer ist dieser Udo? Woher kennst du ihn?“, fragte Esther dazwischen und staunte, dass sie das fertiggebracht hatte.

„Vom Café. Ich kenne ihn schon, solange ich dort arbeite. Er ist Handelsvertreter und beliefert Cafés und Konditoreien mit den verschiedensten Dingen. Schon vom ersten Augenblick an mochte ich ihn gut leiden. Er kommt in regelmäßigen Abständen und nimmt Bestellungen auf. Wir brauchen uns nur anzusehen und wissen dann alles voneinander!“ Belinda blickte wie verzückt zur Zimmerdecke.

„Wäre es nicht besser gewesen, wenn du den Udo geheiratet hättest?“, warf Esther ein und fand es merkwürdig, dass sie so etwas sagen musste.

„Ich – den Udo – und heiraten – wo denkst du hin! Nein, das ist kein Mann zum Heiraten!“, stieß Belinda abwehrend hervor. „Du darfst mich nicht falsch verstehen, meine Liebe. Ich habe den Ronny geheiratet und bleibe seine Frau, daran wird nicht gerüttelt! – Aber du weißt ja selbst, dass er nur selten zuhause ist. Jetzt will er in seinem Beruf noch weiter kommen und nimmt an Fortbildungskursen teil. Da ist es doch verständlich, dass ich mich einsam und vernachlässigt fühle. Ich brauche jemand, mit dem ich mich aussprechen kann! – Verstehst du das nicht?“ – Belinda sah dem Mädchen voll in die Augen. In ihrem Blick stand die flehende Bitte: Sag jetzt nicht Nein – bitte nicht Nein!

Trotzdem, Esther fand das Verhalten der jungen Frau nach wie vor widersprüchlich. Wenn sie sich vernachlässigt fühlte, warum sprach sie dann nicht mit Ronny darüber und musste einen fremden Mann zu Rate ziehen? Der konnte an der entstandenen Situation doch nun wirklich nichts ändern! – Aber wie würde Belinda reagieren, wenn sie ihr das sagen würde ...?

Esther schüttelte leicht den Kopf. Solche Bedenken mussten ihr allmählich gleichgültig werden. Was hatte ihr Schweigen denn gebracht? Nichts Gutes, die Sache war immer schlimmer geworden. Belinda war nicht zur Besinnung gekommen, wie sie, Esther, sich bisher eingeredet hatte. Ihr blieb nun nichts anderes übrig, als sich zu überwinden und das zu sagen, was ihr widerstrebte. Also räusperte sich Esther und erklärte: „Nein, das verstehe ich nicht. Ich weiß auch nicht, welchen Gefallen ich dir bei dieser Geschichte tun könnte."

„Das ist doch ganz einfach!" Belinda wurde plötzlich eifrig und erfasste Esthers Hand. „Du brauchst nichts zu tun, was dir gefährlich werden könnte. Die Sache ist so: Udo wird mich jetzt manchmal besuchen kommen, wenn Ronny nicht da ist. Wir möchten über alle Dinge reden, die uns beschäftigen. – Ich weiß zwar genau, wann Ronny zurückkommt, aber es könnte ja sein, dass mal was anders läuft und er früher hier auftaucht. Für diesen Fall wäre es schön, wenn Udo in dein Zimmer gehen und warten könnte, bis Ronny in unserer Wohnung ist. Du verstehst mich doch! – Also kurz: Ich möchte dich um deine Erlaubnis bitten, dass Udo im Ernstfall dein Zimmer aufsuchen darf."

Esther brachte einen Augenblick lang kein Wort hervor. Das war doch ungeheuerlich, was die Mieterin da für Pläne geschmiedet hatte! – Schließlich würgte sie den Satz hervor: „Wie willst du denn merken, wenn dein Mann unerwartet heimkommt?"

Sofort gab es Esther einen Stich. Warum konnte sie Belinda nicht mehr sagen, was sie in Wirklichkeit dachte und empfand? – Lag es daran, dass sie sich zu sehr mit ihr eingelassen hatte? War das eine Auswirkung davon, dass sie sich fremder Sünde teilhaftig gemacht hatte ...?

„Das ist kein Problem", sagte Belinda in Esthers Fragen hinein. „Ronny fährt den Wagen jedes Mal in die Garage, wenn er heimkommt. Ich höre dann, wenn das Tor zuschlägt. – Also, willst du mir den Gefallen tun? – Für dich ist er mit keiner Gefahr verbunden. Für mich ist es aber eine große Beruhigung, obwohl ich mir sicher bin, dass der Ernstfall nie eintreten wird."

Esther war enttäuscht, ihr wurde fast übel. Was verlangte Belinda da von ihr? – Das war ein klarer Missbrauch ihrer Freundschaft! Mit Erschrecken erkannte sie, dass sie der Mieterin den Glauben an den Herrn Jesus nicht näher gebracht hatte, wie hätte die sonst von ihr Hilfe beim Hintergehen ihres Mannes erwarten können? – Esther sah grübelnd zu Boden und wurde traurig ...

„Fällt es dir so schwer, mir eine Zusage zu geben?", seufzte Belinda nach einer Weile und spielte die Enttäuschte. „Es ist schade, dass du nicht mehr Vertrauen zu mir hast!"

Esther sah auf und in ein Gesicht, das, wie sie meinte, an Enttäuschung und Traurigkeit nicht zu überbieten war. Sofort begann ihr innerer Widerstand zu schmelzen wie Schnee an der Sonne. Dennoch stand für sie auch jetzt noch fest, dass Belinda schief lag. Aber ihr fehlte die Kraft, sich gegen die Mieterin zu stellen. Belindas Leidensmiene machte ihr ein schlechtes Gewissen. Sie meinte plötzlich, ihr gegenüber zu hart zu sein. Trotzdem presste sie den Einwand hervor: „Dieser Udo kommt doch nur bei Tag zu dir, nicht wahr? Sonst ..."

Belinda lachte.

Esther blickte irritiert. Was hatte das zu bedeuten? Vergnügt klang es jedenfalls nicht.

„Selbstverständlich kommt er nur bei Tag! Ich hab ihm schon von dir erzählt. – Er hat auch nichts dagegen, dass du hin und wieder mal herauf kommst, wenn er da ist."

Esther lief rot an. Weshalb eigentlich? Sie wusste es nicht, sie schüttelte aber energisch den Kopf. „Nein, das möchte ich nicht – auf keinen Fall!", sagte sie.

Belinda hatte mit einer solchen Reaktion nicht gerechnet und starrte die Freundin sprachlos an. Esther schwieg ebenfalls, so heftig hatte sie nicht sein wollen. – „Mit dem Zimmer, das – das geht in Ordnung", stieß sie rasch hervor, und es klang wie eine Entschuldigung.

Belinda fiel ihr um den Hals. „Ich wusste es doch, dass du eine gute Freundin bist, dass – dass auf dich Verlass ist!"

Esther ließ diesen Ausbruch über sich ergehen, erwiderte ihn aber nicht, sondern stand steif wie ein Stock. Sie war überzeugt, dass Belinda sie nur umarmte, weil sie ihren Willen bekommen hatte.

Hätte ich mich anders entschieden, wäre mir nur Abneigung entgegengeschlagen, dachte Esther. *Belin-*

da benutzt mich nur, aber liebt mich nicht. Wir pflegen eine Verbindung, aber keine Freundschaft …

Esther wurde unruhig und versuchte die Mieterin los zu werden. Sie hatte das starke Bedürfnis allein zu sein, um über das Geschehen der letzten Stunde in Ruhe nachdenken zu können. Im Augenblick war ihr, als schlügen die Wellen einer starken Strömung über ihr zusammen und drohten sie zu ertränken.

Esther ertrank zwar nicht, aber sie bemühte sich vergeblich um innere Ruhe. Wie gerne hätte sie nun mit den Eltern, vor allem mit der Mutter, über die ganze Geschichte gesprochen. Aber sie bezwang sich und schwieg, weil sie Belinda versprochen hatte, mit niemand darüber zu reden. – Doch, war sie unter diesen Umständen noch an das gegebene Versprechen gebunden …?

Mitten in ihrem Grübeln musste sie an den Propheten Jona denken. Im Gegensatz zu ihm hatte sie das Wort des Herrn gleich weitergeben wollen. Dabei hatte sie aber den Fehler begangen, dass sie weiter als eine Tagereise in die Welt hineingegangen war und jetzt nicht mehr herauskam, zumindest nicht mehr ohne Schwierigkeiten …

Zu allem Übel tauchte jetzt auch ein nicht mehr ganz junger Mann auf und benahm sich so, als würde die Wohnung der Falkensteins auch ihm gehören. Bestimmt war er der von Belinda angekündigte Udo. Er kam aber öfter, als Belinda das in Aussicht gestellt hatte. Esther ging ihm aus dem Weg. Ihr gefiel nicht, dass er sie jedes Mal mit frechem Blick musterte.

„Ich möchte nur wissen, was das für ein Mensch ist, der neuerdings so oft zu Frau Falkenstein kommt?“, fragte die Mutter eines Tages.

Esther tat, als hätte sie die Frage überhört.

„Ich will ja nicht schlecht über Frau Falkenstein denken“, fuhr die Mutter fort. „Dieser Mensch wirkt aber sehr unangenehm. Hoffentlich macht sie keine Dummheiten.“

Esther rührte sich auch jetzt nicht. Aber sie hatte das Gefühl, dass sie auf Dauer mit ihrem Schweigen nicht durchkam. Schon sprach sie die Mutter auch direkt an: „Was ist das für ein Mensch? – Du musst ihn doch kennen, wo du so oft mit der Falkenstein zusammen bist.“

„Ich kenne ihn nicht!“, versicherte Esther und verließ die Küche, weil sie befürchtete mit weiteren unangenehmen Fragen konfrontiert zu werden. Diesmal war es gerade noch einmal gut gegangen.

Sie hatte nicht lügen müssen, denn sie kannte den Mann ja wirklich nicht, sie wusste nur, wie er aussah …

Schon seit einigen Tagen brachte es Esther nicht mehr über sich, tagsüber ihr Zimmer zu betreten. Ihre Zustimmung zu Belindas Plan hatte dem Raum seine Vertrautheit genommen. Jetzt, wo sie auch noch den Mann zu Gesicht bekommen hatte, war ihr, als gehe von dem Zimmer etwas Unsauberes oder gar Bedrohliches aus. Wenn sie sich abends zu Bett legte, vergaß sie nie mehr die Tür abzuschließen; sie drehte den Schlüssel sogar zweimal im Schloss um.

Frau Falkenstein bekam sie nur noch selten zu Gesicht. Diese schien auf die Begegnung mit ihr auch keinen Wert mehr zu legen und sah die Freundschaft als erledigt an. Esther schmerzte das einige Tage lang, dann hatte sie das Problem unter den Füßen. Aber die Tatsache, dass sie sich von Belinda auf diesen Abweg hatte locken lassen und durch ihr Schweigen gegenüber den Eltern nun allein in diesem Kampf stand, machte ihr schwer zu schaffen. Besonders bitter war die Sache deshalb für Esther, weil sie diesen Schritt gegen die Warnung der Mutter getan hatte. – Weshalb sie damals nicht gehorchte – heute war sie dessen sicher –, lag daran, dass die Mutter mit ihrem Reden sie aufgeregt hatte. Sie hatte sich nicht bevormunden lassen, hatte nicht schwach sein, sondern zeigen wollen, dass sie alt genug war, selbst entscheiden und eine Sache durchziehen konnte. Doch nun wurde ihr gezeigt, dass es mit ihrer Stärke nicht weit her war und ihr von Gott keine Kraft zufloss, weil die nicht in den Starken, sondern nur in den Schwachen mächtig werden konnte ...

Esther war traurig, dass sie in der Versuchung sich nichts hatte sagen lassen. Der Herr Jesus hatte da anders gehandelt. Er hatte in der Versuchung alle verlockenden Angebote mit dem Hinweis auf die Worte seines Vaters ablehnt: „Es steht geschrieben ...“ – Das war der Punkt, an dem sie, Esther Lüders, schuldig geworden war.

Um die Häuser pfiff ein kalter Wind und trieb vereinzelt Schneeflocken vor sich her. Jetzt gab es keinen Zweifel mehr, der Winter stand vor der Tür. Wenige Tage nach dem ersten Schnee fiel Esther auf, dass es um Belinda ruhiger wurde. Auch Frau Lüders registrierte, dass der fremde Besucher nicht mehr so häufig zu sehen war.

Herr Falkenstein zeigte sich nach wie vor freundlich und unbeschwert. In einem Gespräch mit Herrn Lüders berichtete er, dass seine Weiterbildung nun zu Ende gehe und ihm der Betrieb einen baldigen Aufstieg in Aussicht gestellt habe.

Esther schöpfte wieder Hoffnung. Sie hatte sich wohl vergeblich gesorgt und hielt sich wieder gerne in ihrem Zimmer auf. Das ging etwa vier Wochen so, dann kam eine um so stärkere Erschütterung.

Wie fast jeden Tag nach dem Mittagessen stieg Esther die Treppe hinauf, um sich in ihrem Zimmer auf verschiedene Themen vorzubereiten, über die sie demnächst eine Klausur zu schreiben hatte. Als sie an der Falkensteinschen Wohnung vorüberkam, stand die Tür weit offen. Esther wollte vorbeigehen, ohne hineinzusehen, sie brachte es aber doch nicht fertig und betrat den Flur. Vor ihr standen zwei Koffer. Augenblicke später kam Belinda aus dem Schlafzimmer und war reisefertig angezogen.

„Willst du in Urlaub oder jemand besuchen?", fragte Esther.

„Nein, ich – ich geh für immer! Das Taxi ist schon bestellt!" Es klang entschlossen, aber nicht befreiend.

„Das ist doch nicht dein Ernst!“ Esther ging erschrocken auf die junge Frau zu. „Was ist denn passiert? Wo willst du hin?“

Als Esther ihre Hand ergreifen wollte, nahm Belinda eine abwehrende Haltung ein, drehte sich um und begann laut zu weinen.

Esther wusste nicht recht, wie sie sich verhalten sollte. Einer plötzlichen Eingebung folgend, drängte sie Belinda in das Wohnzimmer. Hier drückte sie die Mieterin auf einen Stuhl, zog sich einen Hocker heran und bat flehend: „So sag doch schon, was du vorhast?“

Erst nach einer Weile gelang es Belinda sich etwas zu beherrschen und sie presste hervor: „Ich – ich hab dich und viele andere belogen. – Du wirst das nicht begreifen – keiner wird das begreifen, aber ich konnte nicht anders. – Ich liebe Udo – ich liebe ihn wahnsinnig. Ich kannte ihn schon, bevor ich Ronny kennenlernte. Ich hätte ihn auch geheiratet, aber das wollte er nicht, er wollte sich nicht binden. – Er wäre nicht für die Ehe geschaffen und brauche seine Freiheit, sagte er mir. – Er kann überhaupt nicht treu sein und hält es nie lange bei einer Frau aus. Meine Mutter, die lockere Grundsätze hat, warnte mich sogar vor ihm. Ich habe ihn dann auch nicht genommen und Ronny geheiratet. Aber das hätte ich nicht tun sollen. So oft ich Udo begegnete, verfiel ich ihm. – Ich brauche ihn, ich kann ohne ihn nicht glücklich sein. – Wahrscheinlich ist er meiner jetzt schon wieder überdrüssig, weil er nur noch so selten kommt. Trotzdem habe ich mich entschlossen, zu ihm zu ziehen. – Wahrscheinlich wirst du mich nicht verstehen. Aber versuch, nicht gar zu schlecht von mir zu denken. Ich muss zu ihm, ohne ihn kann ich nicht glücklich sein und gehe zu Grunde."

Esther sank in sich zusammen. Jetzt war die vernichtende Niederlage da, die sie schon die ganze Zeit, wenn auch noch undeutlich, hatte auf sich zukommen sehen. Sie war keine gute Botin des Herrn Jesus gewesen! Aus einem Gemisch von Stolz und falschverstandener Liebe war sie Frau Falkenstein nicht die Hilfe gewesen, die sie gebraucht hätte, sondern war ihr noch zur Komplizin in dieser unguten Geschichte geworden.

„Nein, das darfst du nicht tun!" Esther richtete sich auf und sah Belinda flehend an. „Kannst du wirklich nicht sehen, dass du in dein Unglück rennst, wenn du das tust? Niemand wird glücklich, wenn er auf die Dauer gegen Gottes Willen verstößt! Dir müsste das doch auch schon aufgegangen sein! Du bist durch dein Vorgehen nicht zufriedener geworden! – Rede doch mal mit meinen Eltern, zu ihnen kannst du Vertrauen haben, sie können dir bestimmt helfen! – Geh bitte nicht weg! Du …“

Esther unterbrach sich und zuckte erschrocken zusammen, weil die Hausglocke ging. Über die Sprechanlage meldete sich der Taxifahrer. Belinda wischte sich die Tränen vom Gesicht, schnappte ihre Tasche und die beiden Koffer und quälte sich die Treppe hinunter. Ihr Gesicht war wie versteinert und sie würdigte Esther keines Blickes mehr.

Das Mädchen stand im oberen Flur und sah Frau Falkenstein fassungslos nach. Im Normalfall wäre sie ihr behilflich gewesen, aber in dieser Situation brachte sie es nicht über sich, ihr einen Koffer zu tragen. Als die Haustür zufiel, gab es Esther einen Stich und sie hatte mit den Tränen zu kämpfen. Augenblicke später hörte sie das Taxi davonfahren und ging nach unten.

Schon an der Garderobe traf sie mit der Mutter zusammen. Die bemerkte sofort, dass etwas nicht in Ordnung war, und sah sie fragend an. Einen Augenblick lang zögerte Esther, die Ursache ihrer Trostlosigkeit preiszugeben, dann aber erzählte sie – und zwar alles. Ihr Versprechen hatte sich erledigt, Belinda hatte es durch ihren Schritt aufgehoben …

Frau Lüders hörte ihrem Mädchen geduldig zu. Als sie endete, machte sie ihr keine Vorwürfe, weil sie zu ihrer Schuld stand und nichts davon beschönigte. Esther hatte jetzt die wichtige Erfahrung gemacht, dass der gute Wille allein nicht ausreichte, um einem Menschen wirklich helfen zu können.

„Wie denkst du, dass es jetzt weitergehen soll?“, forschte die Mutter.

„Ich weiß es nicht.“ Esther zuckte mit den Schultern. „Ich habe nichts mehr, meine Hände sind leer …“

„Dann lass sie dir füllen. – Denk an die Geschichte aus dem Evangelium nach Lukas …“

Esther wusste nicht, welche Geschichte die Mutter meinte, und Frau Lüders fuhr fort: „Ich denke an den Mann, den sein Freund besuchte und den er nicht bewirten konnte, weil er mit leeren Händen dastand, nichts Essbares im Haus hatte. Er wusste aber, dass ihm die Möglichkeit des Bittens gegeben war und wohin er sich mit seinem Bitten wenden konnte.“

Esther dachte kurz nach und nickte: „Ich weiß, was du mir damit sagen willst. Ich soll den Herrn um Erbarmen bitten, dass Er Belinda, trotz allem, nicht verloren gehen lässt. Das ist das Beste, das ihr widerfahren, und das Einzige, das ihre Sehnsucht stillen kann. – Ich werde auch sofort für sie beten, Mutter!“

„Ja, das ist das Beste, was du im Augenblick für sie tun kannst, und ich werde dich dabei unterstützen“, sagte Frau Lüders und faltete mit ihrer Tochter die Hände.

Herr Falkenstein kam an diesem Abend frohgestimmt nach Hause. Er plante ein kleines Festchen mit Belinda zu veranstalten. Endlich hatte er die Früchte seiner anstrengenden Weiterbildung ernten können. Schon kurz nach Arbeitsbeginn war der Chef bei ihm erschienen und hatte ihm die Beförderungsurkunde überreicht. Jetzt hatte er mehr Freizeit und konnte sich besser um Belinda kümmern. Sie hatte nun keinen Grund mehr, sich über seine häufige Abwesenheit zu beklagen, konnte über mehr Haushaltsgeld verfügen und würde sich bestimmt sehr mit ihm freuen.

Doch zu Herrn Falkensteins Erstaunen traf er seine Frau nicht in der Wohnung an. Wo war sie hin, ohne ihm Bescheid zu geben? – Da entdeckte er auf dem Küchentisch einen Briefumschlag. Sicher enthielt er die Erklärung für ihre Abwesenheit. Eilig öffnete er den Umschlag und sank auf einen Stuhl neben dem Tisch. – Mit einem Schlag erschien ihm alles sinnlos, nicht nur für den Augenblick, sondern auch für die Zukunft. Belinda, die er wirklich liebte, hatte geschrieben, dass sie ihn für immer verlassen habe, und nachdrücklich darum gebeten, jeden Versuch zu unterlassen, sie wieder zurückzuholen.

Langsam erhob sich Ronny vom Stuhl, ging gebeugt und mit schweren Schritten ins Wohnzimmer und ließ sich auf die Couch fallen. Er war total niedergeschlagen und die versuchlichsten Gedanken kamen in ihm auf. Nach einer Weile nahm er den Brief und stieg die Treppe hinunter zu Lüders. Zu ihnen hatte er Vertrauen, weil sie wie seine Eltern glaubten.

Als er seinen Schmerz in groben Zügen dargelegt hatte, bat ihn Herr Lüders in sein Arbeitszimmer und sprach lange unter vier Augen mit ihm. Als Ronny wieder nach oben ging, war sein Blick nicht mehr gar so verzweifelt. Den Lüders entging das nicht, und sie schöpften Hoffnung für den jungen Mann.

In der Folgezeit standen die Hausbesitzer Herrn Falkenstein noch oft bei. Esthers Mutter kümmerte sich um seinen Haushalt und der Vater um die Seelsorge, die seine Eltern nur bedingt wahrnehmen konnten, weil sie weiter weg wohnten. Ronny musste aber ständig betreut werden, weil er oft nicht mehr wusste, was er tun sollte. Schuld daran waren die Leute an seiner Arbeitsstelle und seine sonstigen Bekannten. Sie meinten es zwar gut mit Ronny, doch ihre Ratschläge, wie er seiner fortgelaufenen Frau begegnen sollte, waren widersprüchlich und radikal.

„Lass dich von ihr scheiden“, wurde ihm am häufigsten geraten, weil sie zu allem Übel auch Ronnys Bankkonto vollkommen geleert hatte, wohl in dem Wissen, dass sie von ihrem „Liebhaber“ ohne Geld nicht aufgenommen worden wäre.

Lüders stimmten nicht in den Chor seiner Arbeitskollegen und Bekannten mit ein. Sie rieten Herrn Falkenstein zum geduldigen Warten. Sie machten ihm Mut, für Belinda zu beten, dass sie zur Einsicht komme und zur Umkehr finde. Ronny versprach das zu tun, und Lüders beteten auch mit ihm zusammen. Esther tat sich dabei besonders hervor, sie betete so eifrig wie noch nie in ihrem Leben.

Das alte Jahr ging zu Ende und das Neue begann. Doch von Belinda war nichts zu hören und nichts zu sehen. Ronny wurde auf eine harte Probe gestellt und Herr Lüders musste ihm immer öfter tröstend und stärkend zur Seite stehen.

Dann, der März hatte kaum begonnen, läutete eines Vormittags bei Lüders die Haustürglocke. Esther ging öffnen und meinte nicht richtig zu sehen, vor ihr stand Belinda. Das Mädchen reichte ihr zur Begrüßung die Hand und war erschüttert, Frau Lüders erging es ebenso. Belinda schien um Jahre gealtert, sie war sehr mager geworden, wirkte kraftlos und war verstört. Bei ihrem Anblick konnten Mutter und Tochter nur schwer so etwas wie Freude empfinden. Nur Esther wurde mit einem Mal vom Glück fast überwältigt: Gott hatte ihr Beten erhört und alles konnte wieder gut werden!

Schließlich wurde Belinda von Frau Lüders in die Wohnung gebeten und wie eine eigene Tochter umsorgt. Etwa eine Stunde später stand ein kräftiges Essen auf dem Tisch, das sich vor allem Frau Falkenstein schmecken ließ. Dann legte sie sich zur Ruhe und schlief mehrere Stunden. Danach kam langsam die alte Belinda wieder zum Vorschein. Sie bat darum, sich frisch machen zu dürfen, und verschwand im Badezimmer. Als sie herauskam, sah sie wieder gepflegt aus. Esther fand jedoch, dass sie abgemagert war. Ihre Augen blickten ernster als vorher, sie schien irgendwie reifer geworden zu sein.

Frau Lüders, die stets auch um das leibliche Wohl ihrer Gäste bemüht war, hatte inzwischen einen Kaffee zubereitet. Die Frauen setzten sich an den Wohnzimmertisch und nahmen einen Schluck. Dann sahen Esther und ihre Mutter den Gast erwartungsvoll an.

Belinda verstand und begann nach einer Pause in knappen Worten zu berichten. Sie erzählte von den durchgemachten Demütigungen, ohne ein gehässiges Wort über Udo zu verlieren. Er hatte ihr auch nie etwas vorgemacht. Für ihn waren Frauen nur zur Ausbeutung da. Wenn er bekommen hatte, was er von ihnen wollte, wurden sie ihm lästig. Belinda hatte gedacht, ihn für sich gewinnen zu können. Sie hatte für ihn gearbeitet und schönes Geld verdient. Doch er hatte sie schlechter als eine Hausangestellte behandelt und sie in übelster Weise beschimpft. Er hatte sogar andere Frauen mit in die Wohnung gebracht, die sie bedienen musste …

Esther und ihre Mutter sperrten Mund und Augen auf, sie konnten sich nicht vorstellen, dass es so etwas gab.

„Weshalb bist du so lange bei ihm geblieben?“, fragte Esther.

„Ich wusste nicht wohin. – Ich – ich war so weit, dass ich mir das Leben nehmen wollte. – A-aber ich – ich brachte es nicht fertig. Ich – ich musste an dich – an euch denken und wusste, dass – dass ihr für mich betet. – Ich – ich sagte mir dann: Du – du brauchst dich gar nicht zu beklagen, du bekommst nur, was du verdient hast. – Trotzdem, zurückgehen wollte ich nicht, das kam für mich nicht infrage. Dann fand ich bei den Leuten, bei denen ich regelmäßig putzte, im Kinderzimmer eine aufgeschlagene Kinderbibel. Ich nahm sie und las darin: ‚Kommt alle her zu mir, die ihr euch abmüht und unter eurer Last leidet! Ich werde euch Frieden geben. Nehmt meine Herrschaft an und lebt darin! Lernt von mir! Ich komme nicht mit Gewalt und Überheblichkeit. Bei mir findet ihr, was eurem Leben Sinn und Ruhe gibt. Ich meine es gut mit euch und bürde euch keine unerträgliche Last auf …‘

Ich setzte mich neben den Staubsauger auf den Teppichboden und heulte … Dann – dann stand es für mich fest, dass ich wieder hierher kommen wollte, zumindest mal zu euch. – Ob mich Ronny – er könnte mich fortschicken – niemand könnte ihm deswegen einen Vorwurf machen …“

Frau Lüders war, als steckte ihr ein Kloß im Hals, sie musste ein paar Mal kräftig schlucken. „Ronny wartet auf dich“, sagte sie dann mit einem leisen Zittern in der Stimme.

In Belindas Augen trat ein Glänzen und über ihre Wangen rollten Tränen. Minutenlang wagte niemand ein Wort zu sagen. Zumindest nicht laut; im Stillen dankte Esther dem Herrn dafür, dass Er Frau Falkenstein wieder zurückgebracht hatte, für sie stand fest, dass außer Ihm dies niemand zu Stande gebracht hätte ...

Langsam sah Belinda zur Uhr. Frau Lüders verstand diesen Blick. – „Ihr Mann wird bald Feierabend haben. Soll ich ihn anrufen und darauf vorbereiten, wer ihn zuhause erwartet?“, fragte sie.

Belinda nickte.

Frau Lüders ging zum Telefon und sprach mit ruhiger Stimme. Als sie den Hörer auflegte und sich wieder umwandte, war Belinda gespannt und wollte wissen: „Was hat er gesagt?“

„Nicht viel. – ‚Ich werde einen Blumenstrauß kaufen‘, hat er gesagt.“

Wenig später ging Belinda hinauf in ihre Wohnung.

Esther blieb mit ihrer Mutter in einer seltsamen Erwartung und Rührung zurück. Sie sprachen zwar nicht mehr über Frau Falkensteins Rückkehr, aber keine von ihnen kam davon los. Jede beschäftigte sich noch in Gedanken damit und jede betete im Stillen darum, dass zwischen dem jungen Paar eine echte Versöhnung stattfinden möchte.

Als dann später die Garagentür ging und die wohlbekannten Schritte die Treppe hinaufstiegen – lebhafter als in den letzten Monaten –, lauschten beide besonders aufmerksam. Aber nachdem die Tür der oberen Wohnung ins Schloss gefallen war, hörten sie nichts mehr. Esther und ihre Mutter lächelten einander glücklich an. Wenn es so ruhig war, musste die Versöhnung im Gange sein. Beide nahmen im Wohnzimmer Platz, falteten die Hände und dankten Gott. Sie waren noch nicht zu Ende gekommen, als der Vater erschien. Er wurde kurz informiert und schloss sich dem Gebet der beiden an.

Später, als Lüders schon zu Bett gehen wollten, klingelte es an der Flurtür. Herr Lüders ging nach draußen und seine Frau folgte ihm. Als er die Tür öffnete, stand Belinda mit drei Blumen in der Hand vor ihnen. Sie wollte nicht hereinkommen, nur etwas mitteilen.

„Stellt euch vor, wir haben uns so aufrichtig unterhalten wie noch nie und sind einander nicht böse geworden. Im Gegenteil, wir verstanden uns immer besser. Und weil ihr an unserer Versöhnung mitbeteiligt wart, möchte ich jedem eine Blume aus dem Strauß schenken, den ich von Ronny erhielt. – Ja, und noch etwas muss ich euch erzählen: Als wir eine Weile glücklich zusammensaßen, meinte Ronny: ‚Ich hol' jetzt die Bibel, die wir von meinen Eltern zur Hochzeit bekamen, und lese uns einen Abschnitt. – Das werden wir jetzt jeden Tag so machen, wie die Lüders.' – Er holte die Bibel, die wir seit unserer Hochzeit nicht mehr in den Händen hatten, und schlug sie auf. Und was denkt ihr, was er da fand?"

„Das Geld! Den Umschlag von deinem Vater!", platzte Esther heraus.

„Genau! Ronny erinnerte sich plötzlich auch, dass er selbst den Umschlag in die Bibel geschoben, aber dann total vergessen hatte. – Das Geld haben wir jetzt auch nötiger als damals …"

Als Belinda wieder gehen wollte und sich bei Herrn Lüders verabschiedete, sagte der: „Ich muss noch was richtigstellen: Zu eurem Versöhnen haben wir nur Handlangerdienste geleistet, das Wesentliche hat der Herr getan. Deshalb gehört vor allem Ihm der Dank."

Das verstand Belinda nicht ganz und blickte etwas irritiert.

„Darüber werden wir ein andermal reden. Jetzt eine gesegnete Nacht“, schob Herr Lüders nach.

Schon am nächsten Tag kam es zu diesem Gespräch, dem noch einige folgten. Dann übergab Belinda ihr Leben dem Herrn Jesus und erfuhr, dass alles, was sie vorher über den entschiedenen Glauben gehört hatte, nicht stimmte. Sie hatte ihr rebellisches Ich, das sie ständig in Spannung hielt, aufgegeben, aber deshalb nichts verloren, sondern eine wunderbare Befreiung gewonnen. Sie hatte nun jemand, der für sie war, der ihr die Schuld und das Sorgen abnahm und sie zu einem herrlichen Ziel führte.

Wenn du meinst, es geht nicht mehr

Als Regina Luckner zu der Bank am Waldrand kam, unterbrach sie ihren Spaziergang und setzte sich. Langsam kramte sie einen Brief aus ihrer Handtasche hervor und las ihn. Dann ließ sie die Hand mit dem Brief sinken und sah gedankenverloren ins Tal.

Der Wind wehte über die abgeernteten Felder und die Sonne schien von einem wolkenlosen Himmel, vermochte aber nicht mehr so zu wärmen wie in vergangenen Tagen. Man merkte eben an allem, dass der Herbst seinen Einzug gehalten hatte.

Regina fröstelte ein wenig, und sie schloss den Reißverschluss ihrer Wanderjacke. Trotzdem wurde ihr nicht wärmer. Das Frösteln kam mehr von innen heraus. Ja, in ihrem Herzen war etwas zerbrochen und es war kälter in ihr geworden ...!

In diesem Augenblick umfuhr Regina ein Windstoß und das Blatt in ihrer Hand flatterte. Dadurch wurde sie wieder an den Brief erinnert, dessen Inhalt ihr schwer zu schaffen machte. – Sie hatte schon lange geahnt, dass etwas Ungutes im Gange war und sie eine unerfreuliche Nachricht erhalten würde. Doch ihre Liebe war zu groß gewesen, sie hatte alles verdrängt, nichts wahrhaben wollen. Jede Kleinigkeit, die Hoffnung verheißen konnte, hatte sie zum Anlass genommen, um ihre Liebe zu nähren. – Doch jetzt besaß sie es schwarz auf weiß: Er gab sie frei ...!

Der Wind raschelte in den herbstbunten Blättern der Bäume hinter der Ruhebank. Regina drehte das Briefblatt in ihren Händen mechanisch um. Sie wusste gar nicht, wievielmal sie das schon getan und die beiden Seiten in der Hoffnung gelesen hatte, vielleicht doch noch irgendwo einen Punkt zu finden, von dem aus ein Neuanfang begonnen werden konnte. Aber wie schon die vorhergehenden Male, fand sie auch jetzt keinen solchen Punkt ...

Regina schüttelte den Kopf. Sie verstand gar nichts mehr. Alles erschien ihr so unwirklich. Noch am Morgen war sie glücklich gewesen, dann war dieser Brief gekommen und hatte sie in Untiefen gestürzt …

Sie erinnerte sich, dass Gerwin schon bei ihrer Abreise anders gewesen war als sonst. Er hatte ihr zwar eine gute Genesung in dem Erholungsheim dieser Kleinstadt gewünscht, doch er hatte sie nicht mehr aufrichtig ansehen können und seine Augen gesenkt, sooft sich ihre Blicke begegnet waren. Sie hatte gespürt, dass er etwas sagen wollte und es nicht über die Lippen brachte. So waren sie in einer gewissen Bedrückung voneinander geschieden.

Dann hatte sie gewartet und gewartet, und es war kein Brief von ihm gekommen, obwohl er versprochen hatte, ihr bald zu schreiben. Jetzt, in der letzten Woche ihres Erholungsaufenthaltes, kam dieser Brief, den er am besten nicht geschrieben hätte.

„… Ich bin überzeugt“, so hieß es in ihm, „dass wir nicht zusammenpassen, dass unsere Liebe nicht für ein ganzes Leben miteinander reichen wird. Mir tut es weh, Dir das zu schreiben, aber um der Wahrheit willen und um größeres Unglück zu verhindern, muss ich es tun … Schließlich ist da ja auch noch das andere …“

Regina sah von dem Brief auf und stellte sich die Frage: *Hat Gerwin dich denn jemals aufrichtig geliebt …?*

Nicht lange und ihr wurde furchtbar weh ums Herz. Der Schmerz wurde groß und größer, sie meinte nicht mehr weiterleben zu können.

Wenn doch jemand da wäre, mit dem ich zumindest reden könnte, dachte sie.

Aber so war es immer, wenn sie jemand brauchte, war niemand da. – Natürlich konnte sie nicht nur die anderen dafür verantwortlich machen, dass sie oft so allein war. Durch ihr kühles Verhalten hatte sie nie die Menschen angezogen …

Trotzdem, wenig später wurden wieder anklagende Stimmen in ihr laut.

Im Erholungsheim sind auch überzeugte Christen, warum kümmert sich von ihnen keiner um mich?! Sie könnten bestimmt gut trösten, ich sehe es ihnen an; sie sind anders als die anderen, bohrte es in ihr. Doch sie war noch aufrichtig genug, um sich einzugestehen: *Wie sollen sie sich mir zuwenden, wenn ich mich nicht mitteile? Riechen können sie mein Leid nicht!*

Regina lehnte sich auf der Bank zurück und wollte weinen. Es gelang ihr aber nicht.

„… Du musst mich verstehen …“, schrieb Gerwin.

So, dachte Regina bitter, *ich muss dich verstehen, – und du mich nicht?!*

Die Welt war plötzlich grau geworden. Regina sah keine Hoffnung mehr, noch nicht einmal einen Schimmer davon. – Ihre Mutter könnte ihr jetzt helfen, ganz bestimmt. Sie hatte viel Schweres durchlebt, war aber nie in Hoffnungslosigkeit versunken. Je schwerer die Lasten geworden waren, um so enger war ihr Verhältnis zum Herrn geworden, und sie hatte erstaunenswerte Kräfte erhalten. Die Mutter hatte auch sie, Regina, zum Glauben führen wollen, aber sie hatte nicht gewollt. Jetzt bedauerte sie ihre Ablehnung. Wenn sie der Mutter gefolgt wäre, müsste sie jetzt nicht so verzagt sein. Gott würde auch ihr Kraft schenken, weil Er gerecht und ewig der gleiche war …

Auf dem Heimweg fiel es Regina wie Verzweiflung an. Als sie vorhin das Erholungsheim verlassen hatte, sah sie den Hausvater mit seiner Familie im Garten spielen. Bei dieser Erinnerung gab es ihr einen Stich. Auch sie hätte gerne eine Familie gehabt, wäre gerne Frau und Mutter geworden. Aber wie sollte das zugehen, wo sich Gerwin jetzt von ihr trennen wollte?

„Muss ich denn auf alles verzichten? – Warum – warum denn? Sag mir einer warum!“, rief sie leise in das aufkommende Dunkel hinein.

Als sie zum Heim kam, schlich sie in den Flur und auf ihr Zimmer. Hier suchte sie nach dem Brief und fand ihn nicht. Hatte sie ihn nicht in die Tasche gesteckt, war er ihr am Waldrand vom Schoß geweht worden? Sie wusste es nicht und deutete durch eine Handbewegung an, dass es ihr auch gleichgültig war. Der Besitz des Briefes änderte ja doch nichts an ihrer Situation. Schwer ließ sie sich auf einen Stuhl fallen und starrte grübelnd in das Dunkel des Zimmers.

Dabei wurde ihr so weh zu Mute, dass es sie vom Stuhl und auf die Knie zog. Sie beugte sich vor, stützte die Ellenbogen aufs Bett und wollte, wie sie es bei ihrer Mutter gesehen hatte, beten. Aber sie kühlte sich geistesabwesend mit den Händen das Gesicht, und ihre Gedanken flogen wie aufgescheuchte Vögel davon. Nach kurzer Zeit ließen sie sich bei Gerwin nieder.

Ehe sie ihn kennenlernte, hatte nie ein Mann um sie geworben. Woran lag das? – War sie wirklich zu kühl, wie ihr Gerwin schon vor längerer Zeit einmal gesagt hatte? – Gut, sie war keines von den Mädchen, die es mit Gewalt zur Ehe zieht, aber sie sehnte sich schon danach, manchmal hatte es sie sogar geschmerzt, dass sie noch ohne Freund war. – Das hatte sich geändert, als Gerwin ernsthaft in ihr Leben getreten war. Ihr Glück hatte sie aber nicht sehr lange ungetrübt genießen können. Dann war bei ihren Treffen mit Gerwin hin und wieder die Frage aufgetaucht: „Wie lange wird er durchhalten?“

Doch weil sie in seinem Verhalten keine negative Veränderung feststellen konnte, hatte sie sich einen Dummkopf gescholten und die Frage immer wieder verdrängt. Aber jetzt zeigte sich, dass die innere Stimme nicht unbegründet gewesen war. Gerwin wollte sie tatsächlich verlassen, und die Welt sah für sie jetzt noch öder aus als vorher.

„… Da ist auch noch das andere …“, hatte Gerwin geschrieben. Regina wollte plötzlich scheinen, dass dieser Satz den eigentlichen Grund seiner Trennung von ihr enthielt. Dieser Satz konnte sich nur auf die Geschichte ihres Bruders beziehen.

Regina erhob sich von den Knien und warf sich der Länge nach auf ihr Bett. – Was konnte sie dafür, dass ihr Bruder krumme Dinger gedreht hatte? – Wenn sie davon gewusst hätte, wäre sie unter Garantie dagegen angegangen. Also warum wurde sie damit in Verbindung gebracht, weshalb ließ man auch sie darunter leiden? – Für Regina gab es nur eine Erklärung: Die Leute, die sich deshalb von ihr abwandten, mussten sehr stolz sein. Sie befürchteten wohl, dass ihre Ehre durch eine enge Verbindung zu ihr einen Kratzer abbekommen könnte …

Regina erinnerte sich an ein Gespräch mit der Mutter, bei dem Einzelheiten über die Geschichte des Bruders, der um einiges älter war als sie, bekanntgeworden waren.

Obwohl auch Markus noch nicht im Glauben stand, war er grundehrlich gewesen. Er hatte ganz einfach gut sein wollen. Nach der Schulentlassung trat er eine Ausbildung als Kaufmann an. – Sein Lehrherr betonte bei der Einstellung, dass auch er großen Wert auf Ehrlichkeit legte. Aber schon bald zeigte sich, dass er ein recht eigenartiges Verständnis von Ehrlichkeit hatte. Wenn es um seinen Vorteil ging, waren Aufrichtigkeit und Recht gefragt; bestanden auch andere auf ihrem Recht, sprach er von Gaunerei und schreckte vor Übervorteilungen nie zurück. Wenn Kunden sich zu ihren Ungunsten verrechneten, sah der Lehrherr keine Veranlassung, dieses Versehen in Ordnung zu bringen. Seine Erklärung dazu lautete: „Es ist nicht unser Auftrag, die Dummheit der anderen zu korrigieren."

Anfangs hatte sich Markus – zumindest innerlich – dagegen gewehrt. Nach einiger Zeit hatte er die Kraft dazu nicht mehr aufgebracht und sich widerstandslos gefügt. Schließlich hatte er sich eingeredet, in der heutigen Zeit müsste so gehandelt werden, wenn man nicht untergehen möchte.

Als Markus ausgelernt hatte und ihm – wegen seiner „guten Arbeit" – in der Buchhaltung eine verantwortungsvolle Stelle übertragen wurde, wirtschaftete er, dem Prinzip des Chefs folgend, auch in seine eigene Tasche.

Das ging jahrelang gut. Dann flog der Betrug auf. Bevor Markus verhaftet werden konnte, tauchte er unter und war seit dieser Zeit spurlos verschwunden.

Die Mutter zeigte sich bei diesem Gespräch sehr traurig. Es schmerzte sie, dass ihr Junge, um den sie sich gemüht und bei dem sie versucht hatte, ihm das Evangelium nahezubringen, durch seine Ablehnung bei den Verbrechern gelandet war. Trotzdem war noch ein Funke Hoffnung in ihr gewesen. Sie hoffte, dass Regina den Weg der Nachfolge des Herrn beschreiten werde. Das war aber auch nicht geschehen. Ja, die Mutter hatte es schon nicht leicht mit ihren Kindern gehabt ...

Es ist gut, sagte sich Regina, *dass sie nicht mehr erleben muss, wie es mir jetzt geht. – Werde ich nun auch weiter abrutschen?*

Dagegen wehrte sich alles in ihr. Aber wie sollte sie den weiteren Fall aufhalten? Sie fühlte, dass sie von sich aus dazu nicht die Kraft besaß ...

Langsam erhob sich Regina, legte ihre Kleider ab und ging zu Bett. Wieder verspürte sie den Wunsch zu beten und faltete auch die Hände vor der Brust. Doch wieder begannen ihre Gedanken um die Geschichte mit dem Freund zu kreisen und sie betete nicht ...

Natürlich konnte Gerwin sie verlassen. Sie hatten noch kein Wort darüber gesprochen, dass sie heiraten wollten. Aber sein ganzes Verhalten, die Zärtlichkeit, die er ihr gegeben hatte, wäre doch undenkbar gewesen, wenn er nicht ernsthaft die Eheschließung mit ihr in Erwägung gezogen hätte. Sie hatte auch nie daran gezweifelt, dass er einmal das entscheidende, verbindliche Wort aussprechen würde. Weil er das aber so lange hinausgezögert hatte, war ihr manches Mal schwer um Herz geworden. Doch sie hatte es immer wieder verstanden, ihm das nicht zeigen zu müssen. In ihren Gesprächen hatten sie berufliche Erfahrungen ausgetauscht. Sonntags waren sie gewandert und voll unausgesprochenem Glück abends heimgekehrt. Sie schienen wie füreinander geschaffen. – Nur in den letzten Wochen war es anders gewesen. Da hatte sich ein Schatten auf ihr Verhältnis gelegt. Regina konnte sich die merkwürdige Veränderung jetzt nur als Auswirkung von böswilligem Geschwätz erklären. Genau, anders konnte es nicht sein. Es musste heute noch – nach vielen Jahren – über den Schandfleck in ihrer Familie getuschelt werden. Irgendjemand musste wohl ein Interesse daran haben, ihr den Lebensweg zu vergiften …

Regina stockte. In Gerwins Mitteilung war ein bestimmter Abschnitt, den sie noch einmal lesen wollte. Sie kroch aber nicht aus dem Bett, weil sie sich erinnerte, dass sie den Brief vorher nicht gefunden hatte …

Schon schweiften ihre Gedanken wieder ab. Wo mochte sie den Brief nur hingelegt haben? – Hatte sie ihn etwa am Waldrand verloren? – Ach, es war auch gleich! Sollte er sein, wo er wollte …

Sie erinnerte sich, dass in dem gewissen Abschnitt viele Gedankenstriche vorhanden waren. Gerwin hatte hier keinen Satz zu Ende gebracht. Es war ein unerhört peinliches Wortgestammel, das wirklich nur den einen Schluss zuließ, dass er um die Geschichte ihres Bruders wusste und nicht zu einer Familie gehören wollte, die einen solchen Menschen hervorgebracht hatte …

Regina tat das sehr weh. Sie spürte, wie plötzlich ein Strom durch ihren Körper ging und Verachtung in ihr aufkommen wollte. Aber sie schämte sich schon bald. Sie wollte Gerwin nicht verachten. Sie hatte ihn wirklich lieb und wehrte sich dagegen, dass diese Liebe nun in Hass umschlug. – Ihre Liebe wäre keine wirkliche Liebe gewesen, wenn sie das zugelassen hätte …

Nach Stunden, die endlos zu sein schienen, kam der Schlaf über Regina und erlöste sie von den schweren Gedanken.

Kurz, nachdem Regina zu Bett gegangen war und in schmerzvolles Grübeln versank, brach Jost Trautmann zu seinem allabendlichen Spaziergang auf. Er war zur Stärkung seiner strapazierten Nerven in dieses Heim gekommen und liebte es, vor dem Schlafengehen durch die nahegelegenen Felder zu schreiten. Er hatte seine Wanderungen auf den Abend verlegt, weil dann kein Traktorengeräusch mehr zu hören war und er niemandem mehr begegnete. So konnte er ungestört seinen Gedanken nachgehen und mit seinem Herrn reden. Mit dem hatte er schon immer viel zu reden, aber noch mehr, seit seine Frau heimgegangen war. Er sprach mit Ihm über seine drei Kinder. Die wusste er bei seiner Mutter zwar in guten Händen, dennoch war es ihm ein Anliegen, sie jeden Tag dem Herrn anzubefehlen …

Als Jost Trautmann den Berg, auf dessen Rücken sich ein ausgedehnter Wald erstreckte, etwa zur Hälfte hinaufgeschritten war, blieb er stehen und atmete tief durch. Es roch nach Herbst. Hinter dem Wald kam breit und rot der Mond hervorgekrochen. Der Abendstern stand klar und ernst am Firmament. Über den Talwiesen wogten die ersten Nebelschleier und von fernher war der Ruf eines Käuzchens zu hören. Herr Trautmann ließ seinen Blick über das abendliche Landstädtchen wandern und fand, dass es mit seinen Lichtern wie ein riesiger Glühwurm anmutete, der sich zur Nachtruhe im Tal niedergelassen hatte.

Als er den Waldrand erreichte, sah er nochmals auf das Tal zurück, und ihm kamen die Verse in den Sinn:

Hinunter ist der Sonnenschein,
auf leisen Sohlen kommt die Nacht.
Doch ich darf jetzt geborgen sein,
weil Jesus hält in Treue Wacht.

Geist, Seel' und Leib kann alles ruhn,
kann Frieden finden diese Nacht.
Trotz Sorgen, Leid und mancher Angst,
die Seinen leben wohl bewacht.

Der Tag, der jetzt ins Dunkel ging,
er bringt auch mir ersehnte Ruh,
hat unbemerkt getragen doch
mich näher nur der Heimat zu.

Herr Jesus Christ, du wirst nicht matt,
hältst über uns stets treue Wacht.
In deiner Güte ruht sich's gut
am Tag so wie zur bangen Nacht.

Als Jost Trautmann sich umwandte, sah er einige Meter vor sich etwas Weißes am Wegrand liegen. Er ging darauf zu und erkannte, dass es sich um ein Stück Papier handelte, das wohl nicht achtlos weggeworfen worden war. Er hob es auf und erkannte im hellen Mondlicht Schriftzüge. Sofort stand für ihn fest, dass dieses Blatt jemand verloren haben musste. Er faltete es zusammen und steckte es in seine Jackentasche.

Wieder auf seinem Zimmer, zog er das Blatt hervor und las: „Liebe Regina ..."

Das ist nichts für dich!, sagte er sich und legte den Brief beiseite.

Dann ging Herr Trautmann zu Bett. Kurz nachdem er die Decke über sich gezogen hatte, war die Frage da: *Wie kannst du den Brief seiner Besitzerin zustellen, wenn du nicht mehr als ihren Vornamen kennst?*

„Liebe Regina …“

Herr Trautmann fand jetzt keinen Schlaf. Konnte es nicht sein, dass der Brief einem Gast dieses Hauses gehörte? – Enthielt er eine gute Nachricht, war alles in Ordnung. Hatte er der Empfängerin aber eine Nachricht übermittelt, die ihr Not bereitete, war wohl seine Hilfe gefragt …

Herr Trautmann stand wieder auf. Er musste den Brief lesen, um Näheres über die Empfängerin zu erfahren. Als er das Blatt auseinanderfaltete, errötete er. Persönliche Mitteilungen an andere hatte er noch nie gelesen. Als Christ hielt er sich zurück, war er darum bemüht, der fleischlichen Neugierde keine Nahrung zu geben. Jedem, der Leid trug, stand er aber zur Seite; und seit er durch den Tod seiner Frau das Leid hautnah erfahren hatte, hatte sich dieser Zug bei ihm noch weiter ausgeprägt. Für ihn stand fest, dass die Empfängerin dieses Briefes Leid tragen musste. Eine solche Mitteilung konnte keinem Menschen Freude bereiten. Doch, was konnte er tun? – Im Augenblick wohl nichts, es war schon zu spät, um Nachforschungen anzustellen.

Jost Trautmann sah wieder auf das Blatt in seinen Händen. „… Wir können nicht zusammenkommen“, las er und schüttelte den Kopf. Wer einen solchen Brief erhalten hatte, konnte wohl nicht schlafen. Ob er nach draußen gehen und nachsehen sollte, welches Fenster noch erleuchtet war? – Wieder schüttelte er den Kopf. Das hatte keinen Sinn. Was sollte man von ihm denken, wenn man ihn in der Dunkelheit um das Haus schleichen sah! Selbst wenn er ein erleuchtetes Fenster entdeckte, half es nichts; ungebeten konnte er um diese Zeit niemand mehr besuchen, und eine Frau schon gar nicht! Das hätte nicht nur gegen die Hausordnung verstoßen ...!

Plötzlich wusste Herr Trautmann, dass er doch noch etwas für diese Regina tun konnte, und schämte sich etwas, dass er erst jetzt darauf kam. Er konnte für sie beten, und begann sofort damit. Zum Schluss flehte er: „Herr, lass mich nicht zu spät kommen!“

Obwohl Jost Trautmann erst spät eingeschlafen war, wachte er am nächsten Morgen schon früh auf. Nicht lange und seine Gedanken kreisten wieder um den Brief und seine Empfängerin, und wieder betete er für sie. – Kaum hatte er „Amen“ gesagt, erinnerte er sich an das ausgehängte Gästeverzeichnis in der Eingangshalle. Auf ihm konnte er nachsehen, ob ein weiblicher Gast mit Vornamen Regina im Haus war. Gewiss, er hätte auch den Hausvater fragen können, aber das wirkte wohl etwas seltsam …

Also stieg Herr Trautmann aus dem Bett, machte seine Morgentoilette und ging nach unten. Schon nach kurzem Suchen hatte er auf dem Verzeichnis eine Regina gefunden, deren Familiennamen Luckner lautete. – Gut, er wusste nun, dass sich die Empfängerin des Briefes in diesem Haus befinden konnte. Aber, wer war diese Regina Luckner?

Beim Frühstück schaute er sich alle weiblichen Gäste eingehend an. Jene, die ihn näher kannten, fanden sein Verhalten sonderbar. Jost bemerkte es und versuchte sich etwas zurückzunehmen. Ganz konnte und wollte er seine Beobachtungen nicht aufgeben. Schließlich ging es ja darum, einem in Not geratenen Menschen zu helfen – ihm zumindest Hilfe anzubieten. Fast ununterbrochen hämmerte die Bitte in ihm: „Herr, lass mich diese Frau finden!"

Als das Frühstück seinem Ende zuging, blieb sein Blick an einer schmalen Frau hängen, die an einem der hinteren Tische saß. Sie war auffallend blass und hatte, so weit er das von seinem Tisch aus beurteilen konnte, umschattete Augen.

Das muss sie sein!, dachte er und nahm sich vor, sie nach dem Frühstück anzusprechen. Aber fast gleichzeitig kamen ihm Zweifel. War die Frau nicht über das Alter hinaus, in dem man von jungen Männern umworben wird und Absagebriefe erhält? – Er fand, dass sie darüber hinaus war, und sprach sie nicht an.

Stattdessen ging er nach der Mahlzeit auf sein Zimmer und nahm sich wieder den Brief vor. Als er ihn gelesen hatte, sank er auf die Knie und flehte um Klarheit. Mit einem Mal war ihm, als sagte ihm eine Stimme: „Es ist die, die du meinst!"

„Gut, jetzt werde ich mich durch nichts mehr irremachen lassen und sie nach dem Mittagessen ansprechen", sagte er in die Stille des Zimmers hinein.

Das tat er dann auch wirklich. Er hatte beobachtet, dass die schmale, blasse Frau gleich nach dem Essen aus dem Raum und in den hauseigenen Park gegangen war. Nur wenig später stand auch er auf und ging ihr nach. Schon nach kurzem Suchen fand er sie auf einer einsamen Ruhebank unter einer Trauerweide, deren Zweige fast bis zum Boden reichten. Jost Trautmann blieb stehen und erkannte, dass die Frau verweinte Augen hatte.

Das ist sie! Du hast die Richtige gefunden!, dachte er und wurde verlegen. Wie sollte er die Frau ansprechen, was ihr sagen? – Er machte einen Schritt auf sie zu, kramte den Brief aus seiner Jackentasche und streckte ihn hilflos ihr entgegen.

„Ich habe ihn gefunden und denke, dass er Ihnen gehört", erklärte er leise.

„Ja, er gehört mir", sagte sie, als sie das Blatt kurz betrachtet hatte, und nahm es hastig an sich. Dabei lief sie rot an. Ihren Blick richtete sie prüfend auf Herrn Trautmann. Der meinte darin die Frage zu erkennen: *Hast du ihn gelesen?,* und ihm wurde noch übler zu Mute, als ihm schon war.

Seiner Haltung entnahm sie, dass er den Inhalt des Briefes kannte. Doch sie konnte ihm nicht böse sein. Er stand so geknickt da, dass sie Erbarmen mit ihm haben musste.

„Ich freue mich, dass ich Sie gefunden habe – so gefunden habe." Jost Trautmann erinnerte sich wieder an das, was er sich vorgenommen hatte ihr zu sagen. „Auch ich kenne betrübliche Stunden und weiß, welch schreckliche und verwerfliche Gedanken in ihren Tiefen aufbrechen können. Aber handeln Sie bitte nicht unüberlegt, tun Sie nichts Übereiltes ..."

Jost Trautmanns Züge verrieten so viel Bekümmernis, dass Regina ihren Schmerz vergaß und leise lächelte. „Setzen Sie sich doch zu mir, wenn Sie im Augenblick nichts Bestimmtes vorhaben", bat sie.

Er nahm die Einladung an und hatte ein langes Gespräch mit Frau Luckner. Regina erzählte alles, hielt nichts zurück. Sie spürte, dass hier echte Anteilnahme war, ihr jemand wirklich helfen wollte.

Wie sie so sprach, wich die Bedrückung von ihr. Richtig froh wurde sie nicht, dafür war sie zu sehr durchgerüttelt worden, aber sie wurde langsam getrost. Die Welt sah wieder anders aus, denn da war jemand, der auf wunderbare Weise Zugang zu ihrem Herzen fand. Während des Gesprächs wurde Regina oft an ihre Mutter erinnert. Der Mann neben ihr auf der Bank sprach manchmal in der gleichen Weise, wie das ihre Mutter getan hatte.

Dann erfuhr Regina auch, weshalb das so war. Herr Trautmann, wie er sich ihr vorgestellt hatte, erzählte von sich und legte ein klares Zeugnis für den Herrn Jesus ab. Er stand also, wie ihre heimgegangene Mutter, fest im Glauben.

Als er gegangen war, hatte Regina das Empfinden, dass sie durch und mit Herrn Trautmann einen neuen Weg beschreiten werde. Konkrete Anhaltspunkte dafür hatte sie nicht. Sie wollte dem auch nicht weiter nachgrübeln. Ihr reichte es, dass er ihr als Hilfe geschickt worden war – anders konnte sie sein Bemühen um sie nicht sehen.

Es war erstaunlich für sie, wie Gott führte! Sie erinnerte sich daran, dass ihre Mutter oft ein Lied gesungen hatte, das die Führungen des Herrn beschrieb. In ihm hatte es geheißen: „... *Er weiß viel tausend Weisen ...*" – Früher hatte sie diese Worte als nichtssagend empfunden. Jetzt stellte sie fest, auch wenn sie noch nicht im Glauben gegründet war, dass sie einen konkreten Tatbestand beschrieben. Sie konnte nicht mehr leugnen, dass Gott auf die verschiedensten Weisen in ein Leben einzugreifen vermochte. Durch Gerwins und Herrn Trautmanns Verhalten – sie war sich da ganz sicher – griff Gott in ihr Leben ein. Nur, was Er mit Seinem Eingreifen bewirken wollte, war ihr noch nicht klar.

Es war ein schöner Herbstmorgen. Regina Luckner spazierte gemächlich mit Herrn Trautmann am Waldrand entlang. Die Sonne war dabei, die restlichen Nebel zu vertreiben. Regina und Herr Trautmann ließen das eigenartige Schauspiel auf sich wirken. Von den bunten Blättern der Bäume fielen hin und wieder Tautropfen zur Erde. Es roch nach Moder.

Jost Trautmann senkte den Blick und streifte mit seinen Schuhen durch die abgefallenen feuchten Blätter am Boden. Sie raschelten sonderbar. – „Ja, ja, dieses Vergehen …“, sagte Trautmann mit einem Mal und brach ab.

Regina wartete darauf, dass er den Satz zu Ende brachte. Er tat es aber nicht, und sie sagte nachdenklich: „Klingt das Rascheln der Blätter nicht wie ein Klagen?“

„Dass Sie auch alles so trübe sehen müssen? – Wie kommen Sie auf Klagen?“ Trautmann sah Regina erstaunt an.

„Weil sie ein so eintöniges Dasein hatten.“ Regina sah ihren Begleiter nicht an, spürte aber, dass er mit ihrer Erklärung nicht einverstanden war.

„Wieso eintöniges Dasein? Ich sehe das anders“, widersprach er. „Sie hatten ein erfülltes Leben, sie erfüllten die Aufgabe, für die sie geschaffen wurden. Auf die Erfüllung der Aufgabe kommt es letztlich an, auf sonst nichts.“

„Auch bei den Menschen?“

„Natürlich.“

„Und welche Aufgabe haben sie zu erfüllen?“, fragte Regina nach kurzer Pause.

„Wie die Blätter dem Baum dienten, sollen die Menschen dem Herrn dienen“, erklärte Jost Trautmann.

„Da haben die Blätter es aber einfacher als die Menschen“, meinte Regina nach einer erneuten Pause. „Die Blätter können gar nicht anders als dem Baum dienen, weil sie fest mit ihm verbunden sind.“

„Sie haben es erkannt: Auf die Verbindung kommt es an!“ Jost lächelte zuversichtlich. „Auch uns wird der Dienst nicht schwer fallen, wenn wir eine enge Verbindung zum Herrn haben; auch wir können dann nicht anders, als Ihm zu dienen. Das hat der Herr im Bild vom Weinstock und den Reben deutlich gemacht.“

Regina nickte. Sie kannte das Gleichnis und Herrn Trautmanns Argumentation leuchtete ihr ein, dennoch wurde ihr Blick nicht zuversichtlicher. Gut, sie hatte die enge Verbindung mit dem Herrn, so wie sie im Bild vom Weinstock dargestellt wurde, von ihrer Seite aus noch nicht. Aber sie hatte auch noch nie versucht, sich außerhalb der Schöpfungsordnung zu stellen. Sie wollte eines Mannes Frau und auch Kindern eine Mutter sein! Das wurde aber offensichtlich nicht zugelassen. – Oder war sie etwa schon zu alt dafür ...?

Herr Trautmann fand das nicht. Er gab zu bedenken, dass Gott einen anderen Mann als diesen Gerwin für sie ausersehen haben könnte; dass diese Verbindung aber noch nicht zu Stande gekommen sei, weil bei ihr die enge Bindung an den Herrn Jesus noch ausstehe ...

Regina war froh, dass sie das Heim erreicht hatten und sie sich auf ihr Zimmer zurückziehen konnte. Herrn Trautmanns Überlegungen berührten sie unangenehm, sie waren ihr lästig. So schön sie es auf der einen Seite fand, dass sich jemand eingehend um sie kümmerte, so störend wirkte andererseits der Hinweis auf ihre fehlende Verbindung zum Herrn und die eventuell daraus resultierenden Folgen. Sie beschloss, sich von Herrn Trautmann nach Möglichkeit fernzuhalten, und tat es in den folgenden Tagen auch.

Zufriedener wurde sie deshalb aber nicht. Sie hatte nur die Lasten getauscht und wusste jetzt nicht, was ihr lieber war: von Herrn Trautmann an die noch nicht vollzogene Hinwendung zum Herrn erinnert zu werden oder sich mit dem Schmerz von Gerwins Trennung zu beschäftigen. Diese Beschäftigung – das lag auf der Hand – zog sie ständig weiter nach unten. Wie es ihr ergehen würde, wenn sie sich dem Herrn konsequent zuwandte, wusste sie nicht. Sie musste sich eingestehen, dass sie sich darüber eigentlich gar kein Urteil erlauben konnte, und sie fand es nun eigenartig, dass sie sich dagegen wehrte.

Warum sollte sie es nicht mit dem Weg des Glaubens wagen, wo ihr immer wieder Menschen begegneten, die – wie einst ihre Mutter – versicherten, dass sie auf ihm Vergebung der Schuld, Sinnerfüllung des Lebens und innere Ruhe gefunden hatten? Was sprach konkret dagegen, sich auf diesen Weg zu begeben?

Regina fand nichts, außer, dass sie ihren Stolz hätte überwinden und zugeben müssen, dass alles, was sie in der Vergangenheit gedacht und getan hatte, im Licht von Gottes Wort betrachtet, nichts wert war. – Gewiss, ein solches Eingeständnis war nicht angenehm, schon gar nicht im Kreis der Bekannten. Sie konnte sich jetzt gut vorstellen, dass an diesem Punkt viele, die die Sinnlosigkeit des eigenen Weges erkannt und Sehnsucht nach Umkehr hatten, scheiterten ...

Doch Regina war die bisherige Last zu schwer. Sie fand in sich keine Bereitschaft mehr, diese weiterhin zu tragen. So beschloss sie, doch wieder mit Herrn Trautmann zu reden. Schon am folgenden Tag wählte sie den gleichen Weg, den Herr Trautmann für seine Spaziergänge fast täglich zu gehen pflegte. Sie hatte richtig gedacht und traf am Waldrand mit ihm zusammen. Er begrüßte sie mit dem freundlichen Lächeln, das sie schon oft bei ihm gesehen hatte. Diesmal, so wollte ihr scheinen, war es aber anders. Sie meinte einen wissenden Zug in ihm zu erkennen, so, als wüsste er, weshalb sie ihn die letzten Tage gemieden hatte …

Regina bemerkte, dass sich ihre Wangen röteten, sie wurde verlegen und wortkarg, aber in ihr arbeitete es mächtig. Zunächst war wieder die Abneigung gegenüber Herrn Trautmann da. Hatte sie vorher nur an seinen Worten Anstoß genommen, so regte sie jetzt schon sein ganzes Verhalten auf. Sie fand ihn erhaben und unnahbar. –

Augenblicke später sagte sie sich: *Du bist ungerecht! Ein erhabener Mensch geht nicht so auf dich ein, wie Herr Trautmann das tut! Dass du ihn erneut ablehnst, wurzelt in der Einsicht, dass er Recht hat. Du sträubst dich nur dagegen, es offen zuzugeben. Das ist eine schlimme Sache!* –

Schweigend, mit gesenktem Blick, ging Regina neben Jost Trautmann her. Der Nebel löste sich allmählich auf und von den herbstbunten Blättern tropfte es feucht zur Erde. Als Regina ein Tropfen auf die Hand fiel, dachte sie: *Die Bäume weinen* –

über dich. – Du bist auf dem Weg zu denen, über die in Gottes Wort ein „Wehe" ausgerufen wird: „Wehe denen … welche Finsternis zu Licht machen und Licht zu Finsternis …", wie Mutter oft sagte …

Sie erschrak über sich und fragte: „Wo und wie kann man eine enge Verbindung zu dem Herrn Jesus herstellen?"

Trautmann blieb stehen und sah Regina überrascht an. Diese Frage kam so unvermittelt. Dann erzählte er, dass er seit seinem Hiersein eine klarstehende, allein auf die Bibel gegründete Gemeinde besuche und dort einen Glaubensbruder kennengelernt habe, zu dem sie getrost gehen könnte.

Einen Tag vor ihrer Abreise sah Regina Jost Trautmann im hauseigenen Park spazieren gehen. Sofort entschloss auch sie sich zu einem Spaziergang und wählte ihren Weg so, dass sie an dem großen, rautenförmig angelegten Blumenbeet mit Trautmann zusammentreffen musste.

Ihre Rechnung ging auf und sie erzählte dem Spaziergänger, dass sie bei dem empfohlenen Glaubensbruder gewesen sei. In Jost Trautmanns Augen trat ein Glanz, der Regina an ein reich beschenktes

Kind erinnerte, was sie nicht verstehen konnte. Als sie dann berichtete, dass sie ihr Leben Gottes Führung anbefohlen hatte, wurde sie irritiert. Trautmann hatte mit beiden Händen ihre Rechte erfasst und sie zu ihrer Entscheidung beglückwünscht. Sein Händedruck war nicht nur sehr fest gewesen, sie hatte sogar das Empfinden, dass er sie am liebsten umarmt hätte. Dieser Eindruck beschäftigte sie den ganzen Tag über. Eine Erklärung, weshalb es so über Herrn Trautmann gekommen war, fand sie aber nicht. Sie hoffte jedoch, dass er sich ihr beim Abschied am folgenden Tag näher erklären werde. Das tat er zu ihrem Leidwesen aber nicht.

Wieder zuhause, überfiel Regina Luckner eine Welle von Schmerzen. Sie konnte gehen und stehen wo sie wollte, alles erinnerte sie an Gerwin. Hier war es das Café, in dem sie oft gesessen und Gedanken ausgetauscht hatten, dort der Lebensmittelmarkt, in dem sie gemeinsam einkaufen gingen, und so weiter und so weiter.

Auch in ihrer Wohnung kam sie nicht von Gerwin los. Überall standen Dinge herum, die er ihr als „kleine Aufmerksamkeiten“ geschenkt hatte und die ihr nun die Stunden der Zweisamkeit ins Gedächtnis zurückriefen. So schön diese Stunden einst gewesen waren, so sehr schmerzten sie jetzt.

Trotzdem war etwas anders geworden. Wenn sie früher in ein dunkles Tal geriet, hatte sie alles nur noch grau in grau sehen können und war total abgesunken. Jetzt war der Gang durch das dunkle Tal zwar auch noch unangenehm, aber sie erlebte ihn anders. Nämlich so, wie das in einem Gedichtvers beschrieben wurde, den sie einmal irgendwo gelesen hatte:

Ob auch die Lasten bleiben,
verwandelt wird die Welt:
Wo Gottes Brunnen treiben,
ist Gottes Kraft gesellt.

In den leidvollen Stunden erfuhr sie nun auch den Segen, der von einer Gemeinde ausging. Nach der Rückkehr aus der Kur hatte sie sich sofort einer solchen angeschlossen, in deren Mittelpunkt der Herr Jesus Christus stand.

Nach kampferfüllten Wochen fühlte Regina, dass der Sieg über ihr Problem nicht mehr fern war. Der Verlust von Gerwin schmerzte immer weniger und seltener. Sie hatte die begründete Hoffnung, ihm in absehbarer Zeit gar nicht mehr nachtrauern zu müssen. Selbst ihr Wunsch, zu heiraten und Mutter von Kindern zu werden, trat mehr und mehr in den Hintergrund. Dabei kam sie sich nicht minderwertig und zurückgesetzt vor, wie das früher oft der Fall gewesen war. Sie hatte ja das Wesentlichste, nämlich: Vergebung der Sünden, die Gotteskindschaft und ewiges Leben. Von den früheren Bindungen befreit, konnte sie jetzt in Ruhe darauf warten, was ihr der Herr vor die Hände legen werde.

Und Er legte ihr auch schon bald etwas vor. Eines Tages klingelte das Telefon. Sie nahm ab und vom anderen Ende der Leitung meldete sich Jost Trautmann, an den sie nur noch selten dachte. Er erschreckte sie mit der Anfrage, ob er mit seinen drei Kindern auf Besuch kommen dürfte. Seine Stimme verriet, dass er von einer Zusage ausging.

Regina hatte auch nichts gegen sein Kommen, sie wollte ihn gerne empfangen. Die Gespräche, die sie während des Erholungsurlaubs mit ihm geführt hatte, waren immer nutzbringend für sie gewesen und würden es auch jetzt wieder sein. Trotzdem zögerte sie mit der Zusage. Wo sollte sie ihn mit den Kindern in ihrer kleinen Wohnung unterbringen, vor allem dann, wenn er unter Umständen noch daran dachte, über Nacht zu bleiben? – Warum musste er auch die Kinder mitbringen? Hätte er sie nicht zu seiner Mutter geben können? Die hätte sie bestimmt gerne aufgenommen – Regina wusste doch, wie Großmütter waren.

Trautmann bemerkte ihr Zögern und fragte nach dem Grund. Schonend, um ihn nicht zu verletzen, erläuterte Regina ihre Bedenken und erhielt die Zusicherung, dass er nicht über Nacht bleiben werde. Die Kinder sollten aber schon mitkommen, davon ließ er sich nicht abbringen. Einen Grund dafür nannte er allerdings nicht.

Das machte Regina neugierig, und durch geschicktes Fragen versuchte sie, den Anlass durch die sprichwörtliche Hintertür in Erfahrung zu bringen. Doch Jost Trautmann ließ sich noch nicht einmal eine Andeutung entlocken. Die Anwesenheit der Kinder gehörte mit zu der von ihm geplanten Überraschung. Schließlich bat er Regina darum, keine weiteren Fragen mehr zu stellen. Er müsse ständig nach Umschreibungen suchen und laufe dabei Gefahr, ins Lügen zu geraten.

„Das kann aber nicht Ihre Absicht sein. Ich bin mir da ganz sicher“, sagte Jost Trautmann.

Damit hatte er auch Recht. Regina lag es fern, ihn zum Lügen zu verführen. Sofort stellte sie ihr Fragen ein, obwohl ihre Neugierde jetzt noch größer war als vorher. Was mochte das für eine Überraschung sein, die er geplant hatte und zu der die Kinder gehörten?

Ihr kamen verschiedene Ideen. Doch alle verwarf sie wieder, sie schienen ihr zu weit hergeholt zu sein, und dem Besuchstag fieberte sie mit Spannung entgegen.

Dann, als Jost Trautmann und seine drei Kinder ihr im Wohnzimmer gegenübersaßen, kostete es sie einige Mühe, sich mit den Gästen zu unterhalten. Alle angeschnittenen Themen interessierten sie heute nicht, erschienen ihr als belangloses Gerede. Für sie war nur die angekündigte Überraschung von Bedeutung. Auf die kam Trautmann aber nicht zu sprechen. Hatte ihn der Mut verlassen, dass er so lange damit wartete, oder war ihre Ungeduld schuld daran, dass ihr die Minuten wie eine Ewigkeit vorkamen …?

„Ich weiß nicht – vielleicht erinnern Sie sich noch an unseren Spaziergang am Waldrand, während des Erholungsurlaubs? Sie meinten damals, Gott würde Ihnen die Erfüllung des Lebens vorenthalten“, sagte Herr Trautmann mit einem Mal.

Doch, ja, Regina erinnerte sich noch daran – gut sogar. Sie wusste noch, dass sie die von den Bäumen fallenden Tautropfen mit Tränen verglichen hatte. Aber weshalb kam Trautmann gerade auf diesen Spaziergang zurück, wo sie doch mehrere zusammen unternommen hatten?

„Damals trauerten Sie noch dem in die Brüche gegangenen Verhältnis mit Gerwin nach; ich denke, so hieß der Mann doch …?“

Regina nickte.

„Ich versuchte Ihnen nahezubringen, dass es Gottes Plan sein könnte, eine Verbindung zu einem anderen Mann einzugehen, dass dieser Verbindung aber noch die fehlende Hinwendung zu Jesus Christus Ihrerseits im Wege stehe. Damals wollten Sie nichts davon hören. Ich hatte sogar den Eindruck, dass Ihnen meine Worte gegen den Strich gingen?“

Regina nickte erneut.

„Jetzt ist das Hindernis, die fehlende Hinwendung zum Herrn Jesus, aus dem Weg geräumt und die Verbindung zu einem anderen Mann steht an …“

Reginas Ahnung verdichtete sich und Röte stieg ihr in die Wangen.

Trautmann blieb das nicht verborgen. Für ihn stand fest, dass sie um sein Anliegen wusste, und er wurde nun selbst verlegen. Trotzdem kam es ihm ruhig über die Lippen: „Deshalb bin ich gekommen. Ich möchte Sie bitten, meine Frau und den Kindern Mutter zu werden. – Könnten Sie – mit Gottes Hilfe – ein Ja dazu finden?“

Regina hatte diese Frage erwartet. Doch jetzt, wo sie ausgesprochen worden war, wurde ihr eigenartig zu Mute. Einerseits freute sie sich, dass ihr in Jost ein Mann zugeführt wurde, zu dem sie gerne auch Ja gesagt hätte, doch andererseits hatte sie wegen der Kinder Bedenken. Was, wenn sie von ihnen als Mutter nicht angenommen wurde? – Das verursachte Schmerzen! War sie dieser Belastung gewachsen?

Trautmann erahnte, was in ihr vorging, doch er wollte Gewissheit und fragte: „Hat Ihr Zögern mit den Kindern zu tun? – Fürchten Sie, dass die Drei Sie nicht annehmen könnten?“

Regina nickte.

Trautmann hatte Verständnis dafür. „Um das zu vermeiden, habe ich sie mitgebracht“, erklärte er. „Die Kinder sollen Sie von Angesicht kennen lernen, bevor ich eine Entscheidung treffe. Hier geht es ja nicht nur um mich, sondern auch um die Kinder. – Sie, Regina, sollen nicht nur meine Frau, sondern ihnen auch Mutter sein.“

Er wandte sich den Kindern zu und bat: „Nun sagt offen, was ihr mir schon kurz nach unserem Eintreffen ins Ohr geflüstert habt."

Einen Augenblick lang genierten sich die Drei. Dann raffte die älteste Tochter allen Mut zusammen und presste hervor: „Sie gefällt uns. Sie soll unsere neue Mutter werden."

Regina war so gerührt, dass ihr die Tränen kamen. Als sie die Wangen mit dem Taschentuch trockengetupft hatte, sah sie Jost Trautmann an und erklärte: „Ich, von mir aus, möchte Ja sagen. Doch ich möchte nicht, dass mein Ja zu diesem Schritt allein auf meinem Gefühl aufbaut. Deshalb erbitte ich mir eine gewisse Zeit, in der ich mit meinem Herrn darüber reden kann. Sobald eine Entscheidung gefallen ist, werde ich mich melden."

Trautmann, vor allem aber seine Kinder, hätten am liebsten gleich eine endgültige Antwort gehabt, trotzdem gefiel ihm Reginas Vorschlag sehr gut.

„Ja, tu das", sagte er und merkte, dass er vom förmlichen Sie zum vertrauten Du übergegangen war.

Auch Regina war das nicht entgangen, und sie schmunzelte kommentarlos.

Nach etwas mehr als einer Woche besuchte Regina die Trautmanns und gab Jost ihr Ja-Wort.